JN011676

サラリーマンか フリーランスか

「どちらが得だった？」

公認会計士・税理士
山田寛英 著

中央経済社

登場人物

野口くん　サラリーマン。給料が上がらず何か副業を始めようとしている。会社を辞めてフリーランスになるのはまだ怖い

渋沢さん　野口くんの先輩。フリーランス。コンサルティング会社社長。公認会計士と税理士の資格を持つが、コンサルティングがメインなので資格は名刺の端っこに書く程度

起承転結の前に

サラリーマンの野口くんは、大学の先輩で会社経営をしている渋沢さんを飲みにさそいました。渋沢さんは特に高級なものを身に付けているわけでもなく、いつもラフな格好にスニーカー。それでも何やら結構稼いでいるという噂を聞きました。

野口　先輩、何か副業をしたいんです。ゆくゆくは会社を辞めてフリーランスで自由に生きていきたいです。どうすればいいですか?

渋沢　フリーランスは大変だよ。私なんか今日やらかしてしまった。黄金の鯛を釣り逃した! 本当にくだらない初歩的なミスで1000万円の契約を逃してしまって、がっくりしているんだ!

野口　1000万円の契約って……。何やらかしたんですか? 興味あります。

渋沢　コンサルティングの仕事で当初こちらの報酬額の見積もりを『300万円』とお客さんに提示していたんだ。でも面会している途中に、予想より手間がかかる仕事で、しかもお客さんの得るメリット（得する金額）が3倍以上大きくなると気付いた。そこで、私がこう言ったんだ。

『このご依頼、当初想定したよりも手間のかかる仕事となります。また、お客様の得る利益が当初の想定の3000万円から1億円と3倍近くになります。当事務所はお客様の得る利益の10%程度をコンサルティング報酬として頂きますので、報酬はおよそ1000万円ほどになります。もう一度見積書を作り直して後日ご郵送します』

そのときお客さんもノリノリだったし『これからどうぞよろしくお願いします、お待ちしております』という好感触でほぼ1000万円決まったかと、私のテンションはバク上がりだった。通帳に1000万円と印字されるのがはっきりと目に浮かんだ。

野口　いいじゃないですか、何が問題になったんですか？

渋沢　お客さんとの別れ際に最初に作った見積書（報酬額300万円）を『参考までに』と言って渡してしまったんだ。親切心というか、お客さんには納得して仕事を依頼してもらいたいと思ってね。

野口　まずかったんですか？

渋沢　それから会社に戻ってすぐに新しく1000万円と記載した見積書をつくり、お客さんに郵送した。今回の契約は、お客さんの利益も大きくて喜ぶだろうし、紹介してくれた銀行も喜ぶし、こっちも喜ぶ、つまり三方がトクをする内容だ。

それから3日が経ち、それが今日の昼間なのだけど、銀行の担当者から電話があって、そのお客さんがブチ切れていると……。その銀行担当者も『なんてことしてくれたんだ！』と怒鳴り散らした挙句、『君には絶望したよ』と冷たいトーンに変わっていったんだ。

野口　何がまずかったんですか？

渋沢　その担当者によると、お客さんは最初の300万円の見積書と1000万円の見積書を2枚並べてみたそうだ。

お客さん　『仕事の内容が変わらないのに、何で3倍超も取るんだ！　高すぎる！　しかもコンサルティング内容には頼んでないものも含まれている！』

……とキレたらしい。たしかにコンサルティングの作業内容の記載は300万円も1000万円の見積書も全く同じだったんだ。仕事の内容を削るなら、私に直接連絡してくれれば修正するのに……。お客さんは私にではなく、紹介した銀行担当者に文句を言っちゃったんだ。

野口　まずいですね。

渋沢　せっかくいいお客さんを紹介してもらえたし、そんなお客さんを持っている銀行とも信頼関係を築けていたのに、今回の件でプッツリと信頼関係が切れてしまった。1000万円もパーになってしまった。そんな最悪な一日の締めに君と一緒に飲んでいるわけだ！　君は何を飲んでいるんだ？　その美味そうな酒をくれよ！

野口　でも仕事の成果が3倍になることと新しい見積書を送ることは、お客さんにちゃんと言ったんですよね？

渋沢　ちゃんと言ったよ。ご高齢のお客さんだったので聞き取りやすいように大きな声ではっきりと、銀行担当者だって同席していたんだ。それでもお客さんには伝わっていなかった！お客さんは耳から入った情報はすっかり忘れてしまい、手元にある見積書だけを見比べた。
　あのとき最初の300万円の見積書を渡すべきじゃなかったんだろう。見積書2枚並べられちゃ、まずいよ。仕事の内容も変わらず値段は3倍に見えるから。逃がした魚はでかい！とにかく1000万円がすぐ近くにあったのに。

野口　次の魚を狙えばいいじゃないですか。

　渋沢先輩の耳には届いていません。今日は相当へこんでいるようです。

渋沢　いや、あのとき私は冷静であったしお客さんへの親切心で最初の見積書を渡したんだ。

ミスで！　いや、ミスというかそんな簡単なことではなく、判断力とかもっと根本的な考え方が間違っていたんじゃないか。最初に３００万円って言わなければよかった！

野口　……契約１本とって１０００万円なんて、いい悩みですね。ボクが2年間働いても届きませんよ……。

渋沢　あれ、今日は何の話だっけ？　副業だっけ！『何か副業したい』とか言ってたけど、やること決まってないの？　これまで積み上げてきたものの上にいまがあるんだ。いまのままのほうがいいんじゃないか？

野口くんは自分で稼げるようになるための秘訣を教えてもらいにきたのに、会話が全然嚙み合いません。

野口　正直、会社がイヤなんです！　お金はたくさんはいらないので、とにかく自由になりたいんです！

渋沢　会社を辞めたいだけなら、さぼってスタバで1日中ネットサーフィンすればいい。会社の人、野口くんがいないことも気付かなかったりして（笑）。

野口　それじゃクビになってフリーターになりますよ！　相変わらず性格悪いですね。

この人に聞いたのは間違いだったのでしょうか。

渋沢　フリーランスって翻訳とかライターの人とか？　名刺に自分の名前だけ書いて、組織に属さず仕事をとってくる個人事業主の人たちだな。私とか中小企業の社長（従業員一人以下）も個人事業主に毛の生えたようなもので『フリーランス』と言っていいのだろうね。

野口　そういう人ですよ。だから先輩にアドバイスをもらいにきたんです！

渋沢　ふーん、（何かを言いかけて）やめといたら……。

野口　やっぱりやめといたほうがいいですかね？　そもそも、**サラリーマンとフリーランス、どちらが得ですか？**

渋沢　住んでいる世界のルールが違うからな。サラリーマンのほうがフリーランスより得だと言ってほしい？

野口　えっ！

渋沢　政治や宗教の話題のように普通なら避けるような、すごいクセのある話になるぞ。

サラリーマンとフリーランスの世界は大きく違うということでしょう。人は自分がこうと信じているものを否定されると、怒り出したりして、それをなかなか受け入れられないものです。たとえば、親がサラリーマンで自分もサラリーマンという人や、年齢的に会社を辞める選択肢がない人は「サラリーマン人生のほうが良い」という情報を無意識に探しているのです。

野口　自分はいまサラリーマンで、サラリーマンもフリーランスもどちらも選べる立場です。お願いします。

渋沢　分かった。どっちが得か比べてみよう。でも本当のことを言ってしまうことになる。この話題は、仲のいいサラリーマンの前ですると距離ができてしまうので、いままで話したくなかったんだ。でも野口くんにならすべてを教えてあげるよ。

目　次

――起承転結の前に・3

その一　起承転結の起

●フリーランスになったら、いくら稼げばいいのか？／14
●借金しないとスタートできない商売／17
●借金しないでスタートできる商売／19
●ボーダーラインはいくらか？／20
●売上700万円の魅力／22
●死が身近になる？／24
●フリーランスは無理ゲー？／26
●サボリーマンはサブスクリプション？／30
●フリーランスになると社会保険を、全額自分で負担すると聞きました／32
●社会保険の制度はどうしてこんなに複雑なのか？／38

●サラリーマンとフリーランスの税金論争／40
●サラリーマンとフリーランスの社会保険料と税金を比較してみる／46
●本当のところ、税金はどっちが得なのか？／53

その二　起承転結の承

●同じ仕事をしているのに、税金も手残りも違う？／58
●サラリーマンと会社はワンチーム？／61
●あえて少数派を選ぶか？／64
●副業が会社にバレたくないんです／70
●源泉徴収はリスキー？／77
●源泉徴収はこうやって乗り越えよう／90
●フリーランスで稼げないのに会社はなぜ給料をくれるのか？／94
●定年後を考えると……／97
●ジョブ型とメンバーシップ型／99
●お金を払ってでも働かせてもらう？／104

その三　起承転結の転

●収入が不安定になる、さぁどうする？／108
●同業の仲間と一緒に部屋を借りる／112
●自分でお金を貯めておく／117
●銀行からお金を借りておく／123
●退職金をコインランドリーにつぎ込んだ人／127
●裁判というフロア／130
●お客様は神様なのか？／134
●契約書はこうやって作ろう／139
●商品やサービスの価格はどうするか？／141
●その商売は成り立つのか？／146
●うちの店の商品よりも他の店のほうが安くて質がいい／149
●儲けていいのか？／153

その四　起承転結の結

●個人事業主でやるか、法人でやるか？／158
●ピンチになったら人に会いに行け／170
●上下関係も国籍も学歴も関係ない／174
●節税するときと節税への興味を失うとき／178
●地味に赤字を翌年に繰り越す／185
●銀行とうまく付き合おう／187
●お客さんからのとりっぱぐれを防げ／189
●なぜか多めに払ってくるお客さん／192
●『質のいいお客さん』と『質のわるいお客さん』／195
●お客さんを選ぶ？／199
●サラリーマンとフリーランスを自由に選べる社会／203

——起承転結の後に・207

その一　起承転結の起

●フリーランスになったら、いくら稼げばいいのか？

サラリーマンとフリーランスのどちらが得かといえば、要は比較するってことです。ただ、「いまの会社はお金はまあまあだけど、上司が嫌なヤツでストレスが多い」となると比べるものさしがたくさんあって困ってしまいます。

分かりやすく単純化して、お金というものさしをメインに考えていきましょう。

そもそも副業したい、フリーランスになりたいという人は、いまの給料に不満があったりするわけで。やっぱりお金はみんなの関心ごとです。そのほかの「時間」や「自由さ、ストレスの度合い」などは、おかず程度にちょくちょく触れていきましょう。

日本で給料をもらっている人の平均年収は４４１万円（国税庁『平成30年分民間給与実態統計調査』）です。分かりやすくするため、４４０万円を野口くんの年収として使っていきます。

野口　ボクの年収は４４０万円です。今の生活水準を維持するには、フリーランスになったら

４４０万円以上稼げればいいのですね。

渋沢　いきなりだけど全然ちがうよ！　その金額は野口くんから見た年収であって、会社が野口くんを１人雇うために払っている『本当の年収』はもっと多い。

会社は野口くんを雇うか雇わないか考えるとき４４０万円を追加で払えばいいとは考えていません。野口くんに渡す給料以外に社会保険料の会社負担分（給料の約15％、60万円程度）も支払っています。そのため、会社はその15％分も含めて、野口くんにかかる経費（計約５００万円）を計算しているのです。もし退職金や家賃補助などの福利厚生があれば、その分も加えることになります。

野口　『本当の年収』は５００万円ですか！　年収が増えて、嬉しいですね！

渋沢　何言ってるんだ！　あくまでもこの５００万円は1年間フリーランスをした結果うまれるお金で『利益』部分だぞ。諸経費を考慮していくら稼げばいいのかというお金『売上』は５００万円よりももっと大きくなる。

野口　げっ、マジですか！　５００万円を稼げばいいんじゃないんですか！

野口くんがフリーランスとして働くとき、野口くんの体だけあれば、お金を稼いでこられるわけではありません。

その他に諸経費として、店舗や事務所を借りる家賃、電話料金、水道代、交通費などがかかります。モノを売る商売では、商品を仕入れる（買う）お金が必要です。

たとえば、ラーメン屋や居酒屋をやるとして店舗を借りる敷金や礼金、内装工事代金、設備を買うお金がかかります。これは最初にかかるまとまったお金です。さらに、家賃、食材費やスタッフの給料など毎月払い続けるお金（運転資金）もかかります。

渋沢　たとえば、利益率が20％の商売と、80％の商売の2つがあるとしよう。

利益率が20％の商売で、利益を500万円残そうとすると、必要な売上は2500万円（500万円÷0・2＝2500万円）にもなる。結構大きい金額だね。

次に、利益率が80％の商売で、利益を500万円残すには、売上は625万円（500万円÷0・8＝625万円）あればいいので、ぐっと稼ぐべきボーダーラインが下がる。

野口　商売によって随分違うんですね。

●借金しないとスタートできない商売

渋沢　飲食店はお店を開くだけで数千万円かかることもある。開いた後、毎月の賃料やスタッフの経費、食材を仕入れるお金など運転資金が数百万円になって利益率が低い。利益率20％を下回る商売だ。開業するときに数千万円を自前で用意することができる人は少ないので銀行や親戚からお金を借りる。自宅や親の不動産を担保に入れたりしてね。

野口　周りの人も巻き込んで、だんだん話が大ごとになってきましたね！

渋沢　サラリーマンとして働き続けていれば、借金もせず毎年500万円もらえる。それなのにフリーランスで飲食店を開くと、数千万円の借金を背負って、しかも500万円もらえるようになるには何年かかるやら。もしかしたらその前にお客さんが入らないで潰れるかもしれないな。

お店が潰れても借金はチャラにしてもらえません。借金を返せず、お金を貸してくれた優しかった人とも関係が悪くなったり、銀行に全財産を取られることもあります。

野口　飲食店は開業後3年以内に7割が閉店すると聞いたことがあります。確率でみると失敗するのが見えてますね。

渋沢　その人の才能のあるなしより前の話なんだ。客観的に見てこのような業種でフリーランスとして開業するよりも、サラリーマンであり続けるのは賢明な判断だったし、実際に多くの人がそうしてきたんだ。

ひと昔前までは「起業や独立」というと、事業が失敗して借金まみれで夜逃げしたり、自己破産というイメージがありました。

「フリーランス」という自由で軽いイメージとは程遠いものでした。

サラリーマンになれた人はいいですが、育ってきた環境や学歴などが恵まれずサラリーマンになれなかった人が、一発逆転を狙い飲食店などの事業を興すという面がありました。そのような人にとって、年収を0円から500万円にするのに、数千万円の借金をして人生のすべてをかける必要がありました。

そういう生き方はサラリーマンからすると、「どうしてそんなバクチをうつのか」と理解できず、自分はフリーランスや個人事業主よりも上だという優越感に浸っていたサラリーマンもいたようです。

野口　うちの親は定年までずっと上場企業のサラリーマンで、いまでも自分で商売をやっている人を借金を背負って危険なことをしているアブナイ人たち、上場企業に入れなかった人たち、という目で見ています。

渋沢　年代にもよるけど、今でもそういう偏見はあるかもしれないな。

●借金しないでスタートできる商売

　しかし近年、インターネット、そしてスマホの普及により状況が変わってきました。インターネット上で消費者にダイレクトにモノやサービスを売れるようになりました。自宅を事務所にすれば、新たに店舗として物件を借りる必要もなくなります。最初に数千万円というまとまったお金もいりません。サービスを売るのにスタッフもモノの仕入れもいらないとなれば、毎月出ていくお金（運転資金）も少なくてすみます。利益率80％の商売の登場です。

渋沢　つまり500万円の利益を出す程度なら、借金をする必要がなくなった。これはデカイ。

野口　『借金』ってそんなに危ないものですか……。

渋沢　ひと昔前とは全然環境が違う。こういう商売は借金しないので、『失敗』が尾を引かない。やってみて商売がうまくいかなければ廃業すればいいし、借金取りも来ないので安心だ。

野口　でも商売によってはいままでどおり『借金で失敗』はありますよね？

渋沢　ある。だから、いまからやるなら借金しないで始められる商売のほうがリスクは低いし、何度でも挑戦できるのでおすすめだ。昔からある商売は相変わらず借金とセットというのも多いし、そもそも既存の業者が有利なのでおすすめしない。やるのはそれこそ自由だけど。

野口　それじゃ10億円、100億円みたいに大きく稼げないと思います。

渋沢　野口くんが目指しているのは、とりあえず、サラリーマンの現状よりもフリーランスで稼ぐことでしょ？　つまり、500万円利益をだせればいい。2、3年やってうまくいきそうになったら、その時借金して成長のスピードを早めればいいだけのこと。

野口　あっ、そうでした！

●ボーダーラインはいくらか？

渋沢　たとえば、野口くんが始める商売が利益率80％であるとしよう。利益が500万円なら625万円の売上、余裕をもって700万円の売上を1年間で稼げば、いまの生活レベルを維持できる。

野口　利益率80％の都合のいい仕事なんてありますか？

渋沢　売上700万円で利益が500万円の仕事というと、1年間に使える経費が200万円になる。これは月にすると16万円だ。

月に16万円というと、店舗や事務所1室の家賃だけですぐに無くなってしまう金額です。他にも経費がかかりますので、店舗や事務所は持てないと考えておいたほうがいいでしょう。自宅を事務所や店舗代わりにすることになりますが、お客さんが自宅に来るのが嫌であれば、お客さんに来てもらうビジネスはできないことを意味します。解決法としては、こっちが行けばいいのです。

アドレスだけ借りられるレンタルオフィス、これなら月に数千円から1、2万円程度なので、お客さんに自宅がばれることもありません。

渋沢　自宅のパソコン1台でできる仕事は工夫次第でたくさんある。インターネット関係の仕事とか。モノの売買ではなく、技術やサービスを売る仕事。ライター、デザイナー、弁護士、税理士、社会保険労務士、行政書士、紹介業、お客さんのところに出張して何か教える仕事などなど。

野口　どれにするか迷ってしまいますね。

渋沢　とにかく、年間700万円を稼げればフリーランスでもいいということが分かった。これがボーダーラインだ。

野口　月にすると58万円ですか、週に14万円、1日2～3万円……できる気もしますが、無理っぽい感じもします。

渋沢　フリーランスの売上は変動するので、必ず毎週14万円稼げるわけではない。1日に2～3万円というのも同じ。だからあまり気にしなくていい。だけど、野口くんはこれから自分の時間を使って自分の力で生きていくと考えると、1日無駄にすると2～3万円無駄にするのと同じだ。そんな感覚は持っていたほうがいい。

●売上700万円の魅力

野口　たしかにサラリーマンのいまより少しお金があればいい、と言いましたけど、売上700万円ってすごく小さいお店というか商売ですよね。売上が数千万円、数億円という会社の社長にちっぽけだと馬鹿にされそうでいやです。

渋沢　馬鹿にされるかな？　売上が大きい会社が偉くて小さい会社やフリーランスが偉くない、とはいえない。目標売上の違いは単に規模や価値観の違いなのでそういう人の言うことは放っておいて、野口くんの価値観を大事にすればいい。たとえば、海が好きという人がいて、山が好きな人から『海にいる人はダサい』と馬鹿にされたというのと同じで、何の理由もない話だよ。

野口　そんなものですかね。

渋沢　以前、何百人も公認会計士や税理士を雇っている監査法人の代表の人と話しているときに、その人が『独立して数年間、ちょうど売上700万円のころが一番楽しかった』と言っていたんだ。たしかに売上が大きければ社会に与えるインパクトも大きいし、日経新聞に自社のことが載ったりして誇らしいというのもあるだろうけど。売上700万円には小さいなりに独特の楽しさがある。特に、その規模なら人を雇うことの煩わしさがない。

『従業員を1人雇うと経営者の寿命が1年縮む』という言葉があるほど、人の管理はストレスがかかるものです。従業員を増やさなければ受注をさばけないので利益を増やせない。けれども、その従業員の教育や仕事のチェック、労務管理など周辺の仕事が増えてしまうのです。

フリーランスは嫌な上司はいないし、自分でルールを作れるし、そのルールを誰かから突き上げられることもありません。家族と過ごす時間や趣味や旅行に使える時間もあります。

野口　売上700万円でも、嫌な取引先がいてストレスを受けそうです。

渋沢　売上がいくらになってもストレスはずっとついて回る。でも従業員を雇っていない分毎月出ていくお金（固定費）が少ないので、性格が合わない担当者のいる取引先や無理な要求をしてくる取引先の仕事を気兼ねなく断ることができる。

野口　サラリーマンは上司と部下に挟まれてストレスがありますからね。

渋沢　その点は、サラリーマンでもフリーランスでも変わらない。ストレスで鬱になったり、自殺するというのは最悪の状況なので、そんな代償を払うほどの価値は会社勤めにも個人事業にもないよ。

野口　会社を辞めてしかも働かないとなったら、生活保護を受けないと生活できませんよ。

渋沢　だからこそバランスが大事で、どこで折り合いを付けるのかがポイントだ。ストレスも少ないけどお金も少なくて倹約して生きていくか、ストレスを受け続ける代わりにお金は多いという攻めのモードでいくか。そのシチュエーションの中でどこを選ぶかだ。

野口　売上７００万円のフリーランスはバランスがいいという話ですね。

●死が身近になる？

渋沢　知り合いの司法書士の先生から、こんな話を聞いたことがある。その人は従業員を10名雇っているけれど、彼らの仕事をほとんどチェックできておらず、いまにもミスが起きそうな状況だそうだ。司法書士の仕事は不動産の取引に関するものが多いので、ミスとなれば取引先から巨額の損害賠償請求を受けて、いままでの会社の蓄えがすべて消えてしまう。その状況で『どうしようもなくなったら自分が死ねばいい』と笑っていたけど、半分冗談で半分本気だろうな。

サラリーマンがフリーランスになると、『死』が身近なものになります。売上がたたずに生活費が足りなくなる恐怖、取引先が倒産してお金が入ってこない恐怖、家賃や給料やローンが払えなくなる自己破産の恐怖、何千万円または何億円という損害賠償請求を受ける恐怖、クレーマーのお客さんの対応で裁判に巻き込まれ何年間も時間を費やして精神までも冒されてしまう恐怖など。実際に死なないとしても、その状況が近づいてくる感覚があります。

渋沢　夜の森を懐中電灯無しに歩いているような不安感だ。周りが見えず暗闇から熊とか大型の獣の目が光ってじっと見られているような感じ。海でいうと自分が乗っている小さいボートの船底には、サメやクエといった大型魚が回遊している。サイズは分からないが大きいのは分かる。ボートが転覆して海に落ちた瞬間にパクッと食べられてしまう、そんな状況だ。

野口　怖いですね！

渋沢　そう考えると、サラリーマンからフリーランスになるのは、動物園の中で生まれた動物が、ある日突然アフリカの自然の中に放り出されるようなものだ。もっと身近な例だと、家の中で飼われているネコが家から追い出されて外で暮らすことになったのと似ている。

屋外のノラネコは5歳ぐらいまでにほとんど死んでしまいますが、飼いネコは10年以上、ときには20年ぐらい生きるようです。

野口　死が近くにあるから、起業家とかは「毎日生きている感じがして充実しています！」とか言うのですね。

渋沢　要は「死にそうです」ということだけど、ものは言いようだな。うちもネコを飼っているけど、ノラネコより美味しい餌を毎日食べられて幸せそうだ。もしネコに生まれ変わったら飼いネコになりたい。

野口　ボクは明日から飼いネコになりたいです！

●フリーランスは無理ゲー？

野口　ネコの例えを聞いて、フリーランスってそもそも無理ゲー（難易度が高すぎてクリアするのが困難なゲーム）な気がしてきました。理論上、個人一人で大企業やいまある会社に勝てる気がしません。

渋沢　そんなことはない。理屈で考えてみようか。もちろん自動車メーカーのような初期投資が大きい会社を野口くんがいまから作るのは難しそうだけれども。商品でもサービスでも大企業が売っているものよりも、

●**より良いものを売る**

●**より早く売る**

●**よりきめ細やかなサービスを提供する**

ことができて、お客さんが野口くんのサービスの存在を知れば、お客さんはその大企業よりも野口くんのサービスを選ぶこともありうる。

もっと言えば、

●**少し品質が劣るけれども他社よりスピーディーにお届け**

●**少し品質が劣るけれどもお値段では他社に負けない**

●**野口くんのことが好きだ**

これでも、お客さんが選ぶ可能性は十分にある。

野口　品質が劣っていても選びますかね？

渋沢　いくら名の知れた大企業であっても、このサービスはいらないから、その代わり価格をもうちょっと下げてほしい、と思うことはないかい？

野口　ＨＰ作成会社がいろんなサービスを付けて高額の月額料金をとるって話、聞いたことがあります。そこまで余計なサービスを付けなくてもいいのに……。

渋沢　大企業の場合、本社ビルは大きいし、テレビＣＭなど広告宣伝費も多額になる。総務や経理といった間接部門のスタッフの人件費もかかり、それらが商品価格に反映され、値段が高くなりやすい構造がある。さらには本来、その大企業が自己負担すべきこれらの経費を下請けに振り、その大企業が利幅を増加させているケースもけっこうある。これなんか、お客さんが下請けに直接仕事を頼めれば本当は安くすむのだけれど……。

野口　大企業は人をたくさん雇っていますしね。

渋沢　会社で一日座っているだけで仕事をさぼっている従業員、つまりサボリーマンの給料までその商品やサービスの値段に含まれている。お客さんはそういうサボリーマンの生活までなぜ面倒を見なければならないのか。

野口　たしかにボクが一人でやれば、そういう重荷となっている人の給料も、高い家賃も払わなくてすむわけですし、同じような品質で安くサービスを提供できる可能性がありますね。

お客さんにもいろんなタイプがいます。オフィスが広い、従業員がたくさんいる、資本金が大きい、テレビＣＭを見ていて名前を知っているから、その会社を信頼して選ぶタイプの人。

他方、無名の会社でも、融通が利く、電話1本やメール1通ですぐに駆けつけてくれる、社長の顔が見えて1対1で信頼を築ける会社がいい、というタイプの人もいます。今回この人からサービスを買うことでいい関係ができるので、逆に、将来この人から仕事をもらえるかもしれない、と考えて会社を選ぶ人もいます。

野口　大企業は従業員が問題を起こすと担当者を変えたり、支店間で異動させて、うやむやにすることもありますね。

渋沢　野口くん一人でやるなら、お客さんにとって担当者は変わらないし、逃げも隠れもしないだろう、という安心感を出せる。

大企業だと、担当者がベテラン社員から新入社員に代わることもあり、お客さんがお金を払いながら、教育係になっていることがあります。

渋沢　このように大企業でも弱点はあるんだ。言い換えれば、お客さんは大企業や現在の取引先企業ではなく、野口くんを選ぶ可能性は理論上は大いにあるんだよ。あくまで理論上だけどね（笑）。

野口　でも、まずはお客さんにこちらの存在を知ってもらわないといけないですよね。

渋沢　そのとおり！　フリーランスはそこが弱点なんだ。野口くんのサービスや商品がいくら良くても、それ以前にお客さんに知ってもらえるか、一度でも試しに使ってもらえるか、が大きな壁になる。

ただし、野口くんは大企業の何億円といった利益目標よりもはるかに小さい、たったの500万円の利益を出せばいいわけだから、市場のほんの一部をかじればいい。大企業にとっては、潰すのさえ手間な存在なので敵にもならない。だから可能性はあるだろう？

●サボリーマンはサブスクリプション？

野口　さっきの話で仕事をさぼっているサラリーマン（サボリーマン）の給料を、お客さんが負担するのはおかしい、みたいなのがありましたよね。あれ、自分がサボリーマンだったらどうですか？

渋沢　自分がサボリーマンということは、会社の中で能力が低いか、やる気がなくて仕事ができない人になっている。つまり会社に貢献できていないということだ。

それでいてサボリーマンは、上司や同僚の評価がいくら低くても気にならない、タフな精神を持っている。だからといって会社からクビになることもなく、給料をもらい続けることができている。

野口　忙しく仕事をしているようで、実はさぼって時間をつぶしている人もいますよね？

渋沢　お客さんから見ると、そんなサボリーマンは早くクビにして、サービスの価格を下げてくれ、と言いたくなる。どうみても暇そうな公務員に税金を払って、なぜ食わせなければならないのか、その分、税金を安くしてくれと思うのと同じだ。

野口　会社って営利を求めて活動するものだと思ってましたけど、そうでもないんですね。

従業員が多数であれば会社が大きく見えるので好ましい、という古い考え方の経営者がいたり、一方で従業員を減らしたくても、法律や過去の判例上、解雇できないというのも現状です。

渋沢　会社経営者としては、すぐにクビにすべきと思いつつ、解雇できないサボリーマンはいるだろうね。

野口　そう考えると、サボリーマンってラッキーな立場ですね。

渋沢　そりゃ、ラッキーだよ。なんてったって、サボリーマンは仕事をしていなくても毎月定額でお金をもらえる、いわゆる定額制サブスクリプションの上手な商売だからね。他に定額制の商売といえば、スポーツジムの会費は、会員になると通わなくても解約しない限り、毎月お金をとられるし、賃貸している事務所の家賃は土・日曜に営業していなくても、家賃が発生し続ける。携帯電話は利用しなくても、基本料金だけは取られる。こういうのが資本主義では利益を出す有効なモデルなんだ。

フリーランスがスポットで仕事を請け負って報酬をもらう場合には、その都度精算になります。実際に仕事をしていなくても自動的にお金がもらえるなんて状況は発生しません。

渋沢　ありがちな結論だけど、サボリーマンなら、ずっと会社に居続けるのが正しい選択になる。なぜなら能力が低ければフリーランスになっても、いまより稼ぎは減って食えなくなるから。クビになるまで粘るだけ粘って、サラリーマンを続けることだ。

●フリーランスになると社会保険を全額自分で負担すると聞きました

野口　サラリーマンは社会保険の半分を会社が負担してくれているので得と聞きました。フリーランスになると、その分も自分で払うことになるそうなので損だと……。だから会社を辞めると、経営することとは別の金銭的なプレッシャーを感じます。

渋沢　その考え方はおかしいと思うけどな。まず、野口くんが会社からもらう給料が４４０万円のとき、会社が負担している社会保険料は約15％の60万円。野口くんはもらった440万円の中から、自己負担分の社会保険料（同額の60万円）を支払っている。これは野口くんも毎月会社からもらう給与明細を見ているから知っているよね？

野口　はい。毎月社会保険料とか税金とか、なにか随分取られているようです！

渋沢　それでは見方を変えて、会社からの視点で考えてみよう。野口くんを雇うことで生じる経費は、野口くんに支払う給料440万円とは別に、会社負担の社会保険料等60万円の合計500万円なんだ。つまり、会社が野口くんを雇うのに使える予算はMAX500万円ということ。この500万円こそが、野口くんの『本当の年収』という話はしたね。

野口　そうでしたね。

渋沢　会社の予算は500万円、会社負担の社会保険料等60万円は野口くんに渡さず直接年金事務所に払っているけど、これは実質的に野口くんが負担しているのと変わらないでしょ？

野口　お金の流れが変わっているだけ、ということですね。

渋沢　そう考えてみると、フリーランスになったから会社負担分を自分で負担するようになるので損、というのはおかしい話なんだよ。社会保険料が2倍になるから、サラリーマンでいたほうがいいなんて考え方は間違っている。もちろんこれはサラリーマンとフリーランスを分かりやすく比較するために、社保（社会保険）を任意継続したケースのことだけど。

野口　『任意継続』って何ですか？　というか、そもそもいま、自分はどんな社会保険を払っているんですか？

渋沢　えっ？　そこからか！

『任意継続』というのは、サラリーマンがフリーランスになったあとも、一定の条件を満たしている場合、サラリーマンのときの社会保険を最大2年間続けることができるという制度です。

そもそも社会保険の制度がどうなっているのか、ざっくりおさらいします。サラリーマンが加入しているのが『社保』、フリーランスや個人事業主、無職の人が加入しているのは『国保』です。同じような言葉がたくさん出てくるので紛らわしいですが、まず、ざっくりこの『社保』と『国保』の2種類があるとイメージしてください。

どちらも病院に行ったときに保険証を見せることで、医療費が3割負担になるという制度（健康保険）と、将来定年になってからお金をもらえる制度（年金）があります。

『社保』には「厚生年金」と「健康保険」がセットになっていて、同じように『国保』には「国民年金」と「国民健康保険」がセットになっています。

日本では原則としてすべての人が『社保』か『国保』に加入します。サラリーマンの人は自分で手続きをしていなくても、入社時に会社が『社保』の加入手続きをしてくれます。

野口くんはいまサラリーマンなので『社保』に入っています。

渋沢　つぎに検討するのは、野口くんが会社を辞めてフリーランスになったとき、『社保』を任意継続するか、『国保』に入るのかどちらが有利なのかだ。保険料の月々の支払金額を比較して低いほうを選ぶのだけど……。

野口　どうやって計算するんですか？

渋沢　計算式を理解して勉強するのも面倒で時間がもったいないので、すぐに役所に聞け。

野口　役所に聞け？

渋沢　任意継続したときの金額は、今入っている『社保』の『協会けんぽ』か『組合健保』に電話して聞く。『国保』に入ったときの金額は、前年の源泉徴収票（または確定申告書）を持って市区町村の窓口に行き試算してもらう。これでそれぞれの金額が出るので、どちらか金額の低いほうを選べばいい。

野口　なんだ！　先輩、人任せですね！

渋沢　こういう制度の話は、まず役所やその機関に電話して、あとは窓口に行って担当者に聞いてしまうのが一番早くて確実だ。自分で全部調べて判断するより、彼らの知識と経験を使わせてもらおう。

役所も協会けんぽも、野口くんがお金を払ってくれるから運営できている組織なのであって、言葉を変えれば野口くんは『お客さん』の立場だ。だからといって、野口くんは横柄な態度を彼らに取ってはいけない。クレーマーとみなされ冷遇されるより、謙虚な気持ちで、それでいて自分が理解して納得できるまでしつこく何度も質問してアドバイスをもらうんだ。

役所の人は、電話だとそっけない態度のときもありますが、窓口に行けば丁寧に教えてくれます。『国保』は世帯収入や家族構成によって保険料が違います。社会保険労務士という専門家がいるほど、社会保険の制度は広く深く複雑にできています。

渋沢　手続きは時間をかけず最短ですませるべきだ。野口くんに求められるのは社会保険の知識ではなく、専門家から大事なことを聞き出す力だ。

野口　いい機会なので、制度をがっつり勉強します。

渋沢　いや、野口くん、それは一番やっちゃいけないことだよ。いくら社会保険について詳しくなっても、野口くんの本業の売上が増えるわけではないだろう？　時間だけ食う勉強は有害だ。

野口　でも、こういう社会保険とかの知識が増えれば、将来従業員を雇ってトラブルが起きたとき、大きな揉め事になるのを事前に防ぐことができますよ。

渋沢　まだ人も雇ってないのにそんな知識はいらないよ。野口くんが誠実に従業員と接していれば、知識がなくたってある程度防げるだろう？　揉めてから社会保険労務士に聞いたって遅くはないよ。

野口　そういうものですか？

渋沢　フリーランスっていうのは、そういうものだよ。完璧を目指しちゃだめなんだ。いつか社会保険労務士の先生に顧問料を払って知恵を貸してもらえるように、まずは野口くんがお金を稼げる状況になるほうが先決だ。

『社保』の任意継続は退職日の翌日から20日以内に手続きをすることが必要ですので、退職後すぐに『国保』とどちらが得かを比べて、手続きをしましょう。

任意継続は2年間ですので、フリーランス2年目も同様に任意継続にするか『国保』にするか、しかるべきところで聞き、どちらが有利か比較することになります。

また、フリーランスでの売上が増えてきたら自分の会社を作り、その会社の役員として『社保』に入ることもできます。詳しくは法人化のところでご紹介します。

●社会保険の制度はどうしてこんなに複雑なのか？

野口　そもそも社会保険って、どうしてこんなに複雑なんですか？

渋沢　縦割り行政のせいで、各機関がバラバラに動いているせいだよ。サラリーマンの入る『社保』は年金事務所（日本年金機構）などが運営していて、雇用保険は公共職業安定所（ハローワーク）、労災保険は労働基準監督署、フリーランス（個人事業主）が入る『国保』は市区町村が運営している。窓口は全部違うんだ。そのためとても面倒くさい。

野口　『広義の社会保険』と『狭義の社会保険』って何ですか！　ややこしい！　分かりやすく別の名前にしてください！

渋沢　各機関は他の機関がやっていることは知らんぷり、いつまでたっても制度がシンプルにならず、むしろやってることはバラバラでどんどん複雑になっていく。たとえば、年金に関しては少子高齢化に応じて新しい制度が生み出されていくが、古い制度は廃止できず新旧制度が入り乱れてどんどん複雑になる。

簡素化できずに複雑な制度が拡大する理由は、制度が複雑だからこそ、食べていける人がいるからかもしれない。制度が複雑であれば公務員に仕事を与えることができるし、その周辺業務をする業者も食べていくことができるからね。

野口　何とかならないんですか？

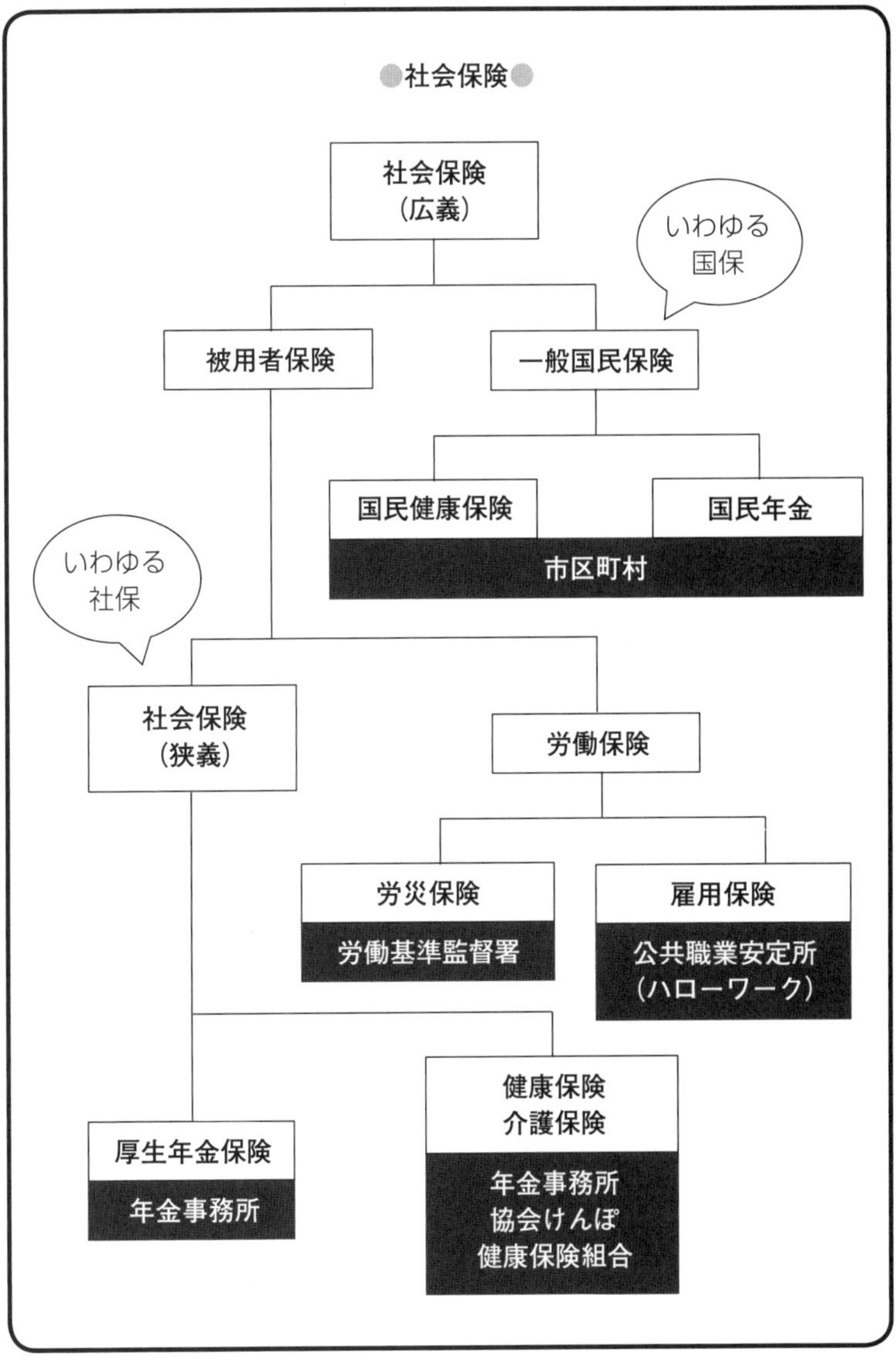
●社会保険●
社会保険
（広義）
いわゆる
国保
被用者保険
一般国民保険
国民健康保険
国民年金
市区町村
いわゆる
社保
社会保険
（狭義）
労働保険
労災保険
労働基準監督署
雇用保険
公共職業安定所
（ハローワーク）
健康保険
介護保険
年金事務所
協会けんぽ
健康保険組合
厚生年金保険
年金事務所

渋沢　個人の力だけではどうにもならない。とにかく各機関の窓口を回って手続きを終わらせるしかない。

野口　雇用保険と労災保険は人を雇ったときにでてくる保険ですよね。

渋沢　そのとおり。雇用保険と労災保険は人を雇わなければ手続きをしなくて済む。この2つは後回しだ。アルバイトや社員を雇ったときに済ませればいい。保険料も『社保』と比べると安いのでそれほど経営に影響はないはずだ。

野口　フリーランスになるとこういう手続きを全部自分でやるんですか？　大変ですね！　ボクにできるかな？

渋沢　各機関の担当者は親切に書類の書き方を教えてくれるので、生徒になった気持ちで1つずつ質問して進めていけば難しくない。取り掛かればいつかは終わる、そんな気楽な感じでやっていけばいいんだ。

●サラリーマンとフリーランスの税金論争

渋沢　つぎは税金面を考えてみよう。サラリーマンとフリーランス（個人事業主）、税金はどっちが得かについて、その論争には長い歴史があるんだ。サラリーマン税金訴訟の話から始めよう。

ある私立大学の教授Xさんが、昭和39年分の所得について申告する義務があるのに、確定申告をしませんでした。この教授の稼ぎは大学からの給料（サラリーマンの給料と同じ）と原稿料でした。そこで所轄税務署長がXさんに、「約5万7千円の税金を払え」という処分をしたのに対して、Xさんは「（旧所得税法の）給与所得に対する課税は、憲法14条1項（法の下の平等）に違反して無効だ。よってこの処分も違法だ」と反論。Xさんは裁判を起こし、訴訟は最高裁にまで争うことに……。

野口　その教授は、何が法の下の平等に違反すると主張していたのですか？

渋沢　分かりやすくフリーランスとサラリーマンに置き換えると大きく3つだ。

①　フリーランスの所得（事業所得）では、かかった経費を税金計算上引くことができるのに、サラリーマンの給与（給与所得）では、経費を引くことができないのは不公平です。サラリーマンの『給与所得控除』という制度が経費の意味を持っているとしても、実際にかかった経費が『給与所得控除』の金額をオーバーしているときは損をしてしまいます。

②　サラリーマンとフリーランスの所得の捕捉率の間には大きな差があって、サラリーマンは損をしています。

ここで補足ですが、サラリーマンの給料は、このようにして計算した所得（儲け）に対して税金を課します

給料の額－給与所得控除額＝給与所得

この給与所得控除というのは、サラリーマンが自腹で負担している経費の意味合いですが、実際に払った金額に関係なく、給料の額に応じて一定額が決められています

③　フリーランスの所得では合理的な理由のない優遇措置があって、サラリーマンにはそういったものがなく不平等です。

野口　賛成！　なんとなくボクもそう感じている主張ばっかりです！　で、どうなったのですか？

渋沢　この裁判は決着するまでなんと20年かかったんだ。実に長かった。裁判の途中でXさんは亡くなり、遺族が裁判を続けたのだけど……。

野口　じらさなくていいですから！

渋沢　昭和60年3月27日の最高裁判所判決では、『サラリーマンに対する課税（給与所得控除）は法の下の平等に違反しないし、違法じゃない』と判断されてしまった。つまり、教授の主張は認められず負けてしまったんだ。

裁判所の判断は次のとおりです。

①については、フリーランスとサラリーマンには一定の『区別』があって、これは合理的な区別なので、憲法14条1項に違反しない。

サラリーマンの場合には、経費といっても原則として雇い主（会社）が負担する。サラリーマン自身が経費を払うといっても、収入との関係が不明確で給与所得控除の金額を明らかにオーバーするとは言えない。

しかも、サラリーマンはたくさんいるので、フリーランスのような経費の計算の仕方にしたら税務署がパンクする。サラリーマン各々が経費を証明するスキルも違うので、もっと不公平が発生してしまう。

②については、サラリーマンとフリーランスの捕捉率の差は、税務行政がばっちり厳しく対応すれば改善される話なので、法律の問題ではない。

③については、仮にフリーランスを優遇する措置があったとしても、その措置が有効かどうかという話なので、サラリーマンの課税には関係ない。

野口　うちらサラリーマンの主張は認められなかったのですね！

渋沢　ただ、裁判官の中にはこういう意見の人もいた。要約すると……。

ある裁判官　しかしサラリーマンが実際に負担した経費が、給与所得控除の金額を『明らかに』オーバーしている場合は、そのオーバーしている分に税金を課すのはおかしい。

野口　賛成！　そのとおりです！

渋沢　このサラリーマン税金訴訟を『大嶋訴訟』というが、これに触発されて、同じようなサラリーマンに関する税金訴訟が全国各地で起きたんだ。そういったムーブメントの結果、給与所得控除の額が昭和49年から大幅に増額されたし（最低額が16万円から50万円となった）、昭和63年には『特定支出控除』の制度ができた。

この『特定支出控除』とはサラリーマンが負担した経費が給与所得控除の2分の1を超えるときには、一定の金額を税金計算上引くことができる制度です。制度ができた当初は、経費に認められる対象が狭かったため、年間数人しかこの制度を使うサラリーマンはいませんでした。その後、平成25年以降は条件が緩和され、弁護士や公認会計士などの資格取得費用も対象になりました。平成30年は1704人まで増えています。

とはいっても、サラリーマンは約6000万人いますので、実際に使っている人はたった0・003％。まだまだ人気のない制度と言えるでしょう。この制度を使うときには、雇い主（会社）が「業務に必要」と判断した証明書を提出する必要があるため、使い勝手が悪いのです。

野口　会社から証明書をもらってこなくてはいけないのですか？　公認会計士などの資格をとるために予備校に通っていると言ったら、上司に『資格取ったら辞めるの？』と聞かれて出世に響きそうです。同僚からも変な目で見られるでしょうし。

渋沢　納税者のムーブメントが起こったので、制度は作ったけど、実は使いにくくしてある、っていうのがイヤらしいよね。

野口　イヤらしい！

●サラリーマンとフリーランスの社会保険料と税金を比較してみる

渋沢　『本当の年収』500万円のサラリーマンと、『本当の年収（売上から経費を引いたもの）』が500万円のフリーランスをさっそく比較してみよう（48・49ページ参照）。

サラリーマンの所得は308万円になって、フリーランスの所得は435万円になる。所得は小さいほうが税金が小さくなるので、この時点ではサラリーマンのほうがフリーランスより有利だ。それは給与所得控除が効いているから。

野口　給与所得控除ってサラリーマンが会社勤めに必要なものを自腹で買うお金でしたよね。スーツ、靴、ネクタイ、クリーニング代とかですかね。図表では132万円って書いてありますけど1年間の金額なので、月に直すと11万円……実際にはそんなに使ってないですね（笑）。

渋沢　野口くんはそのスーツ姿で飲み会とかデートにも行ってるでしょ！　やっぱり132万円は多い。他の主要国と比べても日本のこの給与所得控除は多すぎる、という指摘があって見直しが進められている。

野口　これ以上税金が増えるのは勘弁してくださいよ！

渋沢　次に社会保険料を考えてみよう。ここは図表だと数字を拾いづらいので口頭で説明するよ。サラリーマンだと健康保険料は会社負担分と自己負担分を合わせて年間約40万円（賞与がない前提）、だけどフリーランスの国民健康保険料だと約43万円に増えてしまう。

1か月あたりで考えると、サラリーマンのときは給与明細上だけで、なんとなく自己負担分がいくらか天引きされるだけの話だった。だけど、フリーランスだと約3・6万円に増えて、しかも自分でその都度財布から払うので痛みが増して仰天するわけだ。

野口　フリーランスになった人は、みんな『国民健康保険料が高すぎる！』と悲鳴を上げていますね。あれ、年金は別ですか？

渋沢　これに加えて年金がかかる。国民健康保険料と国民年金保険料の合計約5・2万円を毎月お支払いください！

野口　無理ですよ！

vs. フリーランス［手残り比較］

すべて年ベースの概算数値である　（単位：円）

フリーランス（個人事業主）

【現役時代】

	税金計算	キャッシュフロー
売　　上　＊1	7,000,000	7,000,000
経　　費	▲2,000,000	▲2,000,000
本当の年収　＊2	5,000,000	5,000,000
会社負担分の社会保険料		
給料の額面金額		
給与所得控除額		
青色申告特別控除　＊3	▲650,000	
所得（事業所得）	4,350,000	
国民健康保険料　＊4	▲431,880	▲431,880
国民年金保険料　＊5	▲198,480	▲198,480
基礎控除　＊6	▲480,000	
所得控除の合計	▲1,110,360	
課税所得	3,239,640	
所得税・復興特別所得税①	▲233,267	
住民税②	▲333,964	
税金合計①＋②	▲567,231	▲567,231
手残り		3,802,409
	差　額	304,321

＊1　フリーランスとして1年間に稼ぐべきお金
＊2　サラリーマン時代の本当の年収500万円と揃えた金額
＊3　電子申告の場合
＊4　35,990円×12カ月
＊5　16,540円×12か月
＊6　令和2年分以降

【将来もらえる年金】

国民年金（1階部分）	800,000	800,000
厚生年金（2階部分）		
収入合計（年）	800,000	800,000

■…本文中にでてくる金額

「本当の年収500万円」サラリーマン

条件：野口くんは30歳独身（介護保険なし・大田区在住）

サラリーマン（会社員）

【現役時代】

	税金計算	キャッシュフロー
売　　上		
経　　費		
本当の年収　＊1	5,000,000	5,000,000
会社負担分の社会保険料 ＊2	▲600,000	▲600,000
給料の額面金額　＊3	4,400,000	4,400,000
給与所得控除額	▲1,320,000	
青色申告特別控除		
所得（給与所得）	3,080,000	
本人負担分の健康保険料 ＊4	▲198,720	▲198,720
〃　の厚生年金保険料 ＊5	▲395,280	▲395,280
基礎控除　＊6	▲480,000	
所得控除の合計	▲1,074,000	
課税所得	2,006,000	
所得税・復興特別所得税①	▲107,312	
住民税②	▲200,600	
税金合計①＋②	▲307,912	▲307,912
手残り		3,498,088

＊1　会社予算
＊2　給料額面の約15%
＊3　賞与なし
＊4　16,560円×12か月
＊5　32,940円×12か月
＊6　令和2年分以降
※　雇用保険料は金額が少ないため考慮しない

【将来もらえる年金】

国民年金（1階部分）	800,000	800,000
厚生年金（2階部分）＊7	968,000	968,000
収入合計（年）	1,768,000	1,768,000

＊7　生涯の平均標準報酬月額と加入年数による

実は、サラリーマンのときは、自覚はないでしょうが、健康保険料と厚生年金保険料を（自己負担分と会社負担分をあわせて）約９・９万円を毎月支払っているのです。天引きされていたり、会社負担で目に見えないお金だったので何となく遠い世界の話だったのです。手続きをやってくれている会社の総務や経理の人に「高すぎる！」と文句を言っても仕方がないですし、全く興味を持たないサラリーマンもいます。

渋沢　健康保険料はフリーランスのほうが負担増に見えるけど、年金保険料はサラリーマンに比べて、フリーランスのほうが安くなるよ。厚生年金保険料（自己負担分と会社負担分を合わせて）は約６・６万円だけど、国民年金保険料は約１・６万円に下がる。

野口　安くなるので助かりますね！

渋沢　その代わり将来もらえる年金も減るけどね！　少し極端な例であくまでざっくりした数字だけど、野口くんが『永遠に』独身で、働いた期間を40年間とし、『永遠に』『本当の年収』が５００万円だとする。その40年間を、サラリーマンであったか、フリーランスであったかで、どれだけ年金が変わるのかと言えば……。

野口　『永遠に』という言葉が引っかかりますが……いくらですか？

渋沢　会社を辞めずにサラリーマンをずっと続けていれば、あえてものすごく単純化して計算すると、年金は月に約14万円もらえる。でもフリーランスでは、月に約6万円しかもらえない。70歳までフリーランスを続けてから年金をもらい始めると約9万円に増えるけど、それでもやっぱりサラリーマンだった野口くんの年金には足りない。残念！

野口　だいぶ違うじゃないですか！　月に14万円ならなんとかなりそうですが、6万円では家賃も食費を賄うのも厳しいですよ！

渋沢　だから、現役世代のいま、国民年金の保険料が安いからって喜んでいる場合じゃない、ということ。

渋沢　野口くん、さらにバッドニュースがある。もらう年金にも税金がかかるのを知っているかい？

野口　なんですって！

渋沢　もらった年金に対して介護保険料、国民健康保険料（75歳以上は後期高齢者医療保険料）、所得税、住民税がかかる（金額によりかからないこともある）。まとめて年金額の5～15％程度だけどね。

野口　そんなこと、全然聞いてないですよ！

渋沢　多分聞いてないだろうけど、そういう制度なんだ。早めに知ることができてよかったでしょう（笑）。ちなみに、将来は高齢者の数がさらに増えて、もらえる年金の金額が減ったり、年金をもらえる時期（年齢）が遅くなったりすることも考えておいたほうがいいよ。

でも国がやっている制度だから無くなりはしないでしょう。

渋沢　このように年金と健康保険を考えると、サラリーマンのほうがフリーランスより断然有利だ。厚生年金だと将来もらえる年金が増えるし、その他にも障害年金や遺族年金で支給される範囲が広かったり、奥さんを扶養に入れることができたりして得だからだ。

野口　結局、サラリーマンとフリーランス、お金の面でどっちが得なんですか？

渋沢　年間ベースだと、サラリーマンの税金（所得税、復興特別所得税、住民税）の合計が約31万円。フリーランスは約57万円でサラリーマンのほうが得。でも、手残りだと、厚生年金保険料が国民年金保険料よりも負担がだいぶ重いので、フリーランスのほうがサラリーマンより30万円ほど多くなる。

野口　さっきの年金の話ですが、フリーランスは将来もらえる年金が少なくなるので損ですよね。

渋沢　野口くん、そのとおり！　現役世代のときに手残りが多いのはフリーランスだけど、65

歳になってから年金が少なくて苦しむことになる。長期的にみるとサラリーマンのほうが有利だ。短期的か長期的かどっちを選ぶかは、その人の生き方だよ。生き方！

●本当のところ、税金はどっちが得なのか？

野口　なんかウザいキャラになってきましたね。健康保険料とか年金とか税金とか、総合的にサラリーマンのほうがいいっていう結論でしたね？

渋沢　そうそう、サラリーマンのほうが制度上有利だから。

野口　ただ、『サラリーマンのほうが、税金が得』っていうのが、何か腑に落ちないのですが……。同業でフリーランスをしている友人はボクと飲むときにお店から必ず領収書をもらっていて、『これで税金が安くなる！　サラリーマンは税金が高くて大変だね！』と嬉しそうにしていますよ。これは一体どういうことでしょうか？

渋沢　あぁ、それは制度上というより実際はどうなのか、という話でしょ……。

野口　そこを教えてくださいよ！

渋沢　健康保険料や年金の面では長期的に見てサラリーマンが有利というのは決着がついたけれども、実際の税金の計算はもっと幅があって、たしかにその友人が言っているように、状況は変わってくる。

野口　何でですか？　サラリーマンもフリーランスも『本当の年収』500万円で揃えて計算しましたよね？

渋沢　それがつまり、実際には揃えるのが難しいということだよ。

野口　意味が分からないです！

渋沢　サラリーマンの『本当の年収』500万円ははっきりとした数字だけれども、フリーランスの『本当の年収（売上から経費をひいたもの）』500万円は実はふわふわとしたものなんだ。

野口　もっと分からないです！

渋沢　つまり、利益というのは、次ページの式で計算する。

売上はお客さんとの取引で明確に決まる。しかし、経費は税金計算のルールで売上に貢献したという抽象的なものしか決まっていない。たとえば、野口くんがインターネット上で本を仕入れて売る商売をしている場合には、『仕入れた本のお金（売上原価）は、はっきりと売上と紐づけできるもののみ経費として認める』とルールが決まっているんだ。

野口　それはそうですよ！　明確ですよ。売れていなくて家の倉庫に残っているものは、経費にならないですよね。

渋沢　野口くんが本を売るときに、必要になった宛名シールや封筒は？

売上－必要経費（経費）＝利益（所得）

野口　それも経費になるべきです。お客さんに本を送るのに必要でしたから！
渋沢　たしかに経費になる。では、仮に野口くんが本をネットで売るためにパソコンを新しく買ったとする。そのお金は？　毎月のインターネット料金は？
野口　そのパソコンで仕事をするのだから、それも経費になるべきです！
渋沢　でもそのパソコン、仕事以外にも使うでしょ？
野口　それは使いますよ。だって部屋にあるのですから！　プライベートでも少し使いますよ。
渋沢　じゃあ、100％仕事で使っているわけじゃないよね。使った分だけ経費にすべきじゃないか？
野口　100％じゃないですが、50％ぐらいになりますかね。
渋沢　時間にすると仕事で使うのは、10％ぐらいじゃないの？
野口　そういわれると、間をとって30％ぐらいですかね。

フリーランスの税金は自主申告制なので、そういった事業に関連する経費（販売費および一般管理費）については、はっきりとした紐づけは困難ですし、税金のルール上求められていないといえます。

野口くんが、ある出費は仕事に関連していると証明できれば経費にできるわけです。たとえば、パソコンの購入費の30%は仕事用だとして、それを税務署に主張するためのしっかりとした根拠があれば、その30%という数字が採用されるわけです。人によっては、50%だったり、10%だったりするので税金の金額も変わってくるわけです。

野口　幅ありすぎですね。

渋沢　だから、一緒に飲みに行ったその友人も、同業者である野口くんとの食事を情報収集とか仕事に関連していると考えたのだろう。その領収書の何パーセント分かを経費にすることで税金が下がるので、喜んでいたんじゃないかな。

野口　そういうことですか！　やっと意味が分かりました。飲み代を割り勘にして払っているのに、フリーランスの友人は税金が安くなって、ボクみたいなサラリーマンは一切安くならないということですね！

渋沢　さっき『本当の年収』５００万円で揃えて、サラリーマンとフリーランスを比べたけど、フリーランスの経費は人によって幅が生まれてしまうので少し無理があるんだ。つまり、フリーランスが2人いるとして、全く同じ仕事をやっていても、片や仕事に関連する領収書を日頃からかき集めている人は、ボンヤリしている人と比べて税金が安くなって手残りも多くなる。

野口　税金のルールに詳しいフリーランスなら、サラリーマンより有利ですね！

その二　起承転結の承

●同じ仕事をしているのに、税金も手残りも違う？

渋沢　サラリーマンとフリーランスの税金をもっと正確に比較するため、実際に同じ人が全く同じ仕事を、サラリーマンの立場とフリーランスの立場でするケースを探し回っていたけど、この前ついに見つけたんだ。まぁ、こんなこと見つけて喜んでいるのは私ぐらいなものだけどね。

野口　どんなケースですか？

渋沢　まず、フリーランスからサラリーマンになったケースを見てみよう。とある漁村で40歳の漁師さんに出会ったときのことだ。その人は医療費控除（1年間にかかった医療機関の領収書を集めて税金を安くする制度）を受けるために、毎年確定申告をしていた。自分の船は持っていないので、いつも仲間の船にヘルプとして呼ばれ、そこで船員として働いている。合計3か所からお金を受け取っている。もらうお金に一切源泉徴収はされておらず、国民健康保険に自分で入っている。

野口　その人サラリーマンですか？　フリーランスっぽいですけど。

渋沢　それが、本人もどっちか分からず、ある年までフリーランスとして税金の申告をしていた。フリーランス（個人事業主）としてお金を受け取ると、報酬（事業収入）というものになる。数年経ったある日、税務署に相談しに行ったら、『もらっているのは給料なので、あなたはサラリーマンです。３か所からのお金を給料として申告してください』と言われたそうだ。

野口　1か所からお金をもらっているのがサラリーマンで、いろんなところからもらっているのがフリーランスかと思っていました。

渋沢　フリーランスとしての報酬か、サラリーマンとしての給料かは、何か所からもらっているか、その数で判断するわけではないよ。

たとえば、会社の指揮や監督を受けているか、仕事で使うものはその会社が用意してくれているか、雇用契約があるかなどによってサラリーマンの給料だと判断します。反対に自分の責任と判断で仕事をしていて、自分の用意した仕事道具を使い、請負契約により仕事をしている場合には、個人事業主（フリーランス）の報酬だと判断します。

野口　その漁師の人は、手伝っている形なのでフリーランスではなく、サラリーマンだと税務署に判断されたのですね。

渋沢　フリーランスとサラリーマンの実際の線引きは難しいところだけど、とにかくそう判断された。そして次の年からサラリーマンとして申告することになったんだ。

漁師さん　フリーランスのときとまったく同じ仕事をして、健康保険料（国保）の金額も同じなのに、サラリーマンとして扱われると、数十万円も税金が高くなって嫌だわ！

野口　やっぱりサラリーマンだと、税金が高いんですね。

渋沢　次は逆に、サラリーマンからフリーランスになったケースを考えてみよう。健康計測機器を販売するタニタが『日本活性化プロジェクト』と称した働き方改革の1つで、自社の従業員（サラリーマン）をフリーランスにする試みをした結果を見ていこう。

サラリーマンからフリーランスに移行した7人の手残り収入が、実際にどう変化したかについて『タニタの働き方革命』（谷田千里＋株式会社タニタ編著　日本経済新聞出版社）では、こう記載されています。

『彼ら・彼女らが社員だった2016年に手にした給与（残業代込み）・賞与に比べ、7

人合計の手取り収入が28・6%もアップしたのです』

つまり、2016年にサラリーマンとして税金を支払った手残りと、翌年2017年にフリーランス（個人事業主）として確定申告をして税金を支払った手残りの差が、28・6%（金額にすると平均200万円）増えたということです。

野口　28・6%って、すごく増えましたね。

渋沢　もちろんタニタが市場をリードする優良企業で、経営者もそこで働く従業員の意識も高くやる気があった、という点も前提としてあるだろう。やっている仕事の内容がサラリーマンのときとフリーランスのときとで、厳密には同じとは言い切れないかもしれない。けれども、サラリーマンがフリーランスになると、税金と手残りがどう変化するのか知るには参考になるケースだ。

●サラリーマンと会社はワンチーム？

野口　上司の性格が悪かったり、無理な仕事量を振られるので、仕事帰りにガード下の飲み屋で会社の愚痴を言ったりする人、いますよね。

渋沢　あれはおかしい。自分で自分の悪口を言っているようなものだからだ。

野口　でも、上司はいやなヤツだし、会社の方針が明らかにおかしいんですよ。

渋沢　サラリーマンはチームで働くことに同意している。そのチームの中で、トップ（経営者）ならば、自分よりも上の人がいないので、自分ですべて決定できるが、大抵のサラリーマンは上司というのがいるだろう。その上司の指示に従って部下が動くという構造になっている。つまり、意思決定をする人と、実際に手を動かす人が違うのがポイントだ。

野口　上司の命令に従うのがサラリーマンですよ。その命令がおかしいんですよ。

渋沢　チームで働いているので、その上司の命令がおかしいと野口くんが思うのならば、その上司に意見して直せばいい。

野口　そんなの無理に決まっていますよ。

渋沢　直らないときは、もしかしたら野口くんの意見よりも上司の言うことのほうが、ビジネスの戦略上正しいのかもしれない。なぜなら上司のほうが情報や経験が多いのだから、野口くんが見えていないものも見えていて、その上で判断している可能性がある。

野口　上司に言ってもボクの意見は反映されませんよ。だから上司や会社の愚痴を言いたくなるんです。

渋沢　野口くんは、自分の意見が反映されないことに納得していないなら、とる選択肢は2つだろう。1つはそんな組織からは離れる。つまり離職して、次の会社を探すか、または自分でフリーランスとして独立してやるべきだ。
野口　辞めるのは無理ですよ。転職してもいまより給料がよくなるか分かりません。
渋沢　では会社を辞めないと決めたのならば、その上司の命令に納得して同意したということだよね。
野口　納得なんてしていないですけど、仕方がなく従っているんです。
渋沢　上司の命令がお客さんの利益にならない、むしろソンをもたらす命令だ、と野口くんが自覚しても、その命令に従うの？
野口　それはそうですよ。お客さんの利益より、上司からどう思われるかで出世が決まって給料の金額が決まりますから。こっちは生活がかかっているんですよ。
渋沢　生活がかかっているのは、お客さんも同じだけどね。野口くんもその上司と共犯なのでは？　お客さんによいサービスや商品を提供するために会社は存在しているのにね。納得していないかにかかわらず、知りながら黙っていたら上司と同じじゃないの。
野口　だからそこをサラリーマンは苦しんでいるんじゃないですか、この不条理を。会社という組織が抱える問題ですね。というかフリーランスだと、どうなるんですか？
渋沢　フリーランスだと、自分が意思決定して、自分で行動する。つまり、判断する人と手を動かす人が同じなんだ。だから、もしうまくいかないときは、自分で自分の悪口を言うことになる。ということなので実際には悪口を言うこともなく、自分を変革していければいいし、変革できなければ自業自得とふんぎりがつく。すべて自己責任だよ。

野口　サラリーマンは、会社がとにかく問題なんです。

渋沢　それは会社の問題ではなくて、野口くん自身の問題だ。つまり、チームがおかしい方向に進んでいるのにチームの一員にもかかわらずそれを止めることもできず、自分の保身のために妥協する。愚痴を言いたいのはお客さんのほうだよ。『あの会社とその従業員はひどい商品を売りつけてきた』と。いや、お客さんは会社のその手抜きや欠陥に気付いていないこともあるね。

野口　そのとおりですよ！　もうどうしようもないんですよ。

渋沢　それは一部のサラリーマンがもつ、ねじれた考え方だ。自分がやっていることに対して自分は関係ありません。悪いのは会社であって、私ではありません。この論法がなぜ成り立つのだろう。会社とワンチームじゃないか。野口くんはチームで働くことを同意しているのに、その同意したことも忘れて文句を言うのはおかしいでしょ。

●あえて少数派を選ぶか？

野口　肌感覚ですが、サラリーマンでそういう考え方の人は多いと思います。

渋沢　自分の周りの多くの人がそう考えているから正しい、という考え方がへんなんだ。
野口　多数決だから正しいですよ。
渋沢　ちがうよ。たとえば、野口くんがもし太平洋戦争のときに生きていたとして、召集令状が来てついに野口くんも兵士として戦場に派遣されることになったとしよう。個人的には戦場に行って人を殺したくないし、自分も死にたくない。けれども周囲はお国のために戦うのが誇りのようなムードで、戦場に行く人が英雄扱いだ。
　ここで自分は戦場に行きたくないと言えば非国民と言われる。だから、戦場に行く。それであれだろう、死にそうになったら、『こんな戦争だれが始めたんだ』と嘆いて、嘆くけれども時すでに遅し。戦場では何も打つ手がなくて命を落としてしまう。
野口　仕方がなかったんですよ。
渋沢　野口くんはそれでも死にたいのかい？　戦場で軍隊の上官に文句を言っても仕方がないのは目に見えているので、召集令状がきてもわざと痩せたり醤油をがぶ飲みして体を壊して戦場に行かないようにした人がいた。逃げ回った人、陸軍の知り合いに頼んで召集を免れた人など、歴史上には戦場に行かないように自ら動いた人がいたけれども。
野口　死にたくないですけど、そういう状況になったら仕方がないですよ。
渋沢　野口くんは諦めやすいというか、もう一回戦争が起こったら戦場で死ぬタイプだな。それでいいの？
野口　長いものには巻かれろ、ですよ。というか、渋沢先輩はどうなんですか？
渋沢　えっ？
野口　いま、万が一戦争が始まったら行かないんですか？
渋沢　行かないよ。周囲の戦中下の熱狂ムードがどうであれ、まず自分で自分に質問するだろう。

自問　戦場に行くべきか？
自答　自分は戦争に加担したくないし、まだ死にたくないので行かない。
自問　周囲のムードは戦争に行くのは英雄で、行かない人は非国民だが？
自答　それは人の価値観であって、自分の価値観に当てはまるとは限らない。そして、今回はあてはまらない。
自問　軍を説得して、戦争を止められるか？
自答　それは無理だ。民間の一個人の意見など聞いてもらえない。
自問　じゃあ、どうする？
自答　自分から離れるしかない。

この結論を出して行かずにすむ方法を探して、しつこくしつこく1つずつ試していく。

野口　先輩は、強いからそんなことができるんですよ。

渋沢　痩せて醤油をがぶ飲みするのが、どこが強い人なんだ。醤油を買うぐらいのお金はあるだろうけど。

野口　というか、この戦争の話とサラリーマンの話、どう関係があるんですか？

渋沢　そういう周りとか多数決に流される価値観を一部のサラリーマンは共通してもっているよね、ということ。働いている人（就業者）の89・3％がサラリーマン（雇用者）で、フリーランス（自営業者）は7・9％にすぎない（総務省統計局『労働力調査』令和元年）。つまり、サラリーマンは圧倒的な多数派だ。

会社のやっていることがおかしいと思っても、会社の愚痴を言って嘆きながらも、年をとっていく人は、嘆きながら戦場で死んでいった人たちとそう変わらないでしょう、ということだよ。

野口　年をとるのと死ぬのは違いますけどね。空気を読む、誰よりも早く正確に。そして先回りして上の意向を察する、決してミスはしない。そういう価値観ですよ。

渋沢　会社のやることに納得しながら、サラリーマンであり続けるのはいいけれども、納得していないのに続けるって、その数十年間は一体どうなんだい？

もっと身近な例だと、自分の住んでいるマンションの会合があったら、行きたくないけど参加する人がいます。町内会の人からイベントに参加しろと言われたら、気が乗らないけど顔を出して会費を払い続けます。子供の通う学校のＰＴＡ活動も参加したくないけど、人の目が気になって参加したり。自分よりも大きい組織や団体に言われたことは必ず守る、そんなことばかりやっていたら、時間もお金もなくなってしまいます。

野口　地域の一員として、もっと言えば社会人のマナーとして、誘われたら参加すべきでしょう。

渋沢　分かった。サラリーマンとフリーランスは、会社を辞めるか辞めないかというレベルの違いではなく、もっと根本的な価値観の部分で大きく違うんだ。価値観はその人が育ってきた家庭環境に多少なりとも影響を受けると考えると、親が商売をやっていてフリーランスだったのか、それともサラリーマンだったのか、そしてその商売がうまくいっていたのか、ひどいものだったのかで変わってくるはずだよ。

親が商売をやっていれば、自分で商売を始めるときも心理的な抵抗が少なくてすみます。お金の話が家庭でよく出てくるため、お金という存在そのものが身近です。規模が小さいながらも、お金の『出』と『入り』の両方を見ることができ、お金儲けのシステムをどうやって回すかを理解することができます。お金を上手に使うことと収入が増えることが直接リンクしているのです。

この点、サラリーマンは毎月給料が会社から振り込まれる、つまり、お金の流れ方が『一方通行』になっています。会社という大きな組織の中の、ごく一部の仕事を担当するだけなので、お金の使い方により収入が大きく変わることは体感しづらくなります。

逆に、親がフリーランスで事業に失敗したのを見ていたりすると、反面教師として自分はサラリーマンの安定した生き方を選ぶ人もいます。

野口　結局、渋沢先輩の考え方は、『自分でやっていきますから、守ってくれなくても構いません』という考え方ですよね？

渋沢　そうだよ。

野口　そういうことができない人もいるんですよ。社会の多くの人がそうではないんです。

渋沢　野口くんのくすぶっている願望は、その多くの人の平均的な給料では足りないし、平均的な職場環境ではイヤだということだろう。つまりさ、多数派のほうが心地いいと言いながら、そこから抜けてもっと稼ぎたい、もっと自由に働きたいということでしょう？　それはつまり、多数派ではなく少数派になることを意味している。

野口　フリーランスは、少数派ということですか？

渋沢　そう。野口くんに少数派になる覚悟はある？　いや、わざわざ少数派になりたいの？戦時中に醤油をがぶ飲みして、近所の人に白い目で見られるような覚悟はあるか、ということだ。人口減少している社会では、みんなが同時に所得が上がっていって、より豊かな生活になっていくということは、残念だけど達成できないんだよ。

野口　副業なら少数派にならずにすみそうですね。

渋沢　そうきたか！

●副業が会社にバレたくないんです

野口　いきなりフリーランスになるのは荷が重いので、副業をしようとするとき、今いる会社にバレたくないんです。

渋沢　野口くんこそ自分のことになると、イヤらしいね（笑）。

野口　クビにもなりたくないし、かといって給料だけでは足りないので！

渋沢　副業をして会社にバレるルートは3つ。まず副業で儲かったときに野口くん自身が同僚に自慢をしてしまうことで、上司に伝わってモレる。儲かるとつい誰かに言いたくなってしまうので、それは我慢しよう。

野口　ボクはそんな間抜けなことはしませんよ。

渋沢　次に、会社からの給与収入に加えて副業の収入が増えるので、翌年の住民税が高くなるパターン。会社の給料と副業の収入を合わせて毎年2月中旬~3月中旬に税務署で確定申告をするのだけど……。

野口　ちょっと待ってください。サラリーマンは毎月の源泉徴収と年末調整を会社がしちゃってますよね。会社に『自分は確定申告をするので、年末調整をしないでください』と言ったほうがいいのですか?

渋沢　そんな余計なことはしなくていい。本業の会社には年末調整をする義務があるので、年末調整をちゃんとやってもらって、源泉徴収票を出してもらおう。野口くんはそれとは別に、確定申告書に会社からの給料と副業の内容について書いて申告をする。

野口　確定申告をするのだから、年末調整をしなくてもいい、むしろしちゃいけない、と思い込んでいました。

渋沢　野口くん、こういう役所の手続きをビジネスライクに合理的にとらえて『おそらくそうだろう』と推測すると、思わぬ落とし穴があるぞ。基本的に役所は縦割り行政なので役所ごと、いや、同じ役所の中でも同じような書類を別の部署に出すことがある。

さて、話を戻すと、その確定申告の情報が野口くんが住んでいる市区町村に伝わる。市区町村が住民税を計算して、会社に住民税の通知書を送る。その金額が副業に対する税金を合わせたものになるので大きすぎると会社の総務や経理が気付いて、それを上司に報告してバレる。

野口　会社の総務担当者が知って、上司に報告するとバレるんですね。

渋沢　この担当者が、ちゃんと会社の利益のために動くサラリーマンだと上司に報告する。でも、やる気のないサラリーマンの場合には違ってくる。昔私が20代で会社勤めをしていたとき、総務部長に副業について話に行ったことがある。

渋沢　副業の収入があるので確定申告しますから、年末調整しなくていいです。

総務部長　年末調整はやることになっているんだ。確定申告でも何でも自分の責任で勝手にやってくれ。私は聞かなかったことにするので。その点だけは十分気を付けろ。

渋沢　いろんな人がいるんだと学んだね。サラリーマンって会社のためにワンチームで働いていると思ってたけど、いや、私の副業を見逃してくれる優しい人だったのか。

野口　たしかに組織人ですけど、結局は自分や家族が大事ですからね。副業が会社にバレたくないというのも、結局は『自分』のためですからね。

渋沢　サラリーマンと会社ってその距離感は独特だよね。ひと昔前まで、社長は『従業員は家族も同然』と言ったり、従業員もその会社で一生面倒を見てもらえる『終身雇用』を期待していた。だけど、実際は同じ空間にいるが別の事を考えていて、同床異夢って感じかな。

野口　ビジネスでお金の関係ですからね。ある面そうじゃないですか。

渋沢　フリーランスはそれこそ無我夢中で毎日もがいて生きている。つまり、良くも悪くも商売に人生がかかってしまっている。サラリーマンの野口くんのほうが冷静かもしれない。さて、バレるバレないの話に戻ろう。

確定申告書B第二表の一部

給与・公的年金等に係る所得以外（令和2年4月1日において65歳未満の方は給与所得以外）の所得に係る住民税の徴収方法の選択	○	給与から差引き
	○	自分で納付

ここ

住民税が増えることによりバレるのを防ぐためには、確定申告書の第二表、『住民税の徴収方法の選択』の欄で『自分で納付』に○を付けます。さらに4月になったら、自分の住んでいる市区町村の課税課や納税課に電話して『副業部分の住民税は自分で納めます』と重ねて伝えて確認をする方法もあります。それから、令和2年分の「給与所得者の基礎控除申告書」に給与所得以外の所得の合計額欄ができたから、記入しないように！（確定申告をしっかりやって、控除額を正しく直しましょう。）

渋沢　3つ目に、社会保険料からバレるかどうか検討してみよう。副業の種類にもよるけれども、野口くんが他の会社でアルバイトやパートをするのではなく、個人事業主として自分の名前で商売をやって副収入を得る場合を考えよう。『社保』は会社の月収（原則として4月から6月）を基準に決められるので、副業で収入があったとしても増えない。そのため社会保険料の金額の変化から会社にバレることはない。
　だがそもそも、会社で副業が禁止されているか確認したほうがいい。
野口　何を見ればいいんですか？
渋沢　会社の総務や人事の人に聞いて就業規則を確認しよう。本来、会社は就業規則を従業員が確認できるようにしておく義務がある。具体的には、さりげなく本棚にファイルが置いてあったり、サーバーの共有フォルダに入っていることがある。就業規則に副業禁止という規定があるかどうか見てみよう。
野口　うちの会社にあったかな。どこだろう？
渋沢　どこかに必ずあるはずだよ。
野口　副業禁止でも隠れてする場合には、どうなりますか？
渋沢　副業禁止規定に違反した場合には、クビになることもあるだろう。たとえば2020年4月に日本郵便社員2600人が不動産投資や農業などの兼業（副業）で収益を得ているにもかかわらず、本来必要な総務相の承認を得ていなかったために、戒告などの処分を受けた。このように厳しく処分を受けるケースもある。

野口　銀行員も副業禁止の規定が厳しいと聞いたことがあります。

渋沢　他方、政府の働き方改革を受けて、副業を認める会社も増えてきた。これは、給料を在籍年数に応じて増やすことが難しくなってきたので、いまの給料で足りないと思うなら自分で副業して不足分を稼いでくださいという、会社からのメッセージとも読める。

野口　会社が副業を禁止しているときには、どうすればいいですかね？

渋沢　サラリーマンは会社と雇用契約を結んでいてその内容に縛られるので、副業はできないことになる。それでも副業したいなら会社を辞めてからゆっくりやれば？

野口　いやです。いまの会社から給料をもらいながら副業したいんです。うまくいかなかったときも食いっぱぐれないし。このやり方って、賢いですよね？

渋沢　雇用契約という『約束』を一方的に破ってでもいいとこ取りしたい、そういうことだね。

野口　上司がいやだし、給料も低い会社なのでいいんですよ！

渋沢　ちょっと視野を広めて、野口くんがフリーランスになって、商売がうまく軌道に乗って従業員を雇ったとき、その人に同じことされてもいい？　つまり『約束』を破られてもいい？

野口　いいんじゃないですか！

渋沢　まぁ、それならいいけど。自分がやったことは回り回っていつか同じことをされるものだから。あと何十年間も働く野口くんはそういうことはしないほうがいい。

野口　うっ！

渋沢　『副業が禁止されている会社で副業を試みるべきか？』と言えば、正々堂々と副業していいか会社に改めて聞いてみれば、意外と許しを得られるかもしれないよ。その上で、実際に副業をやってみたら？

野口　そうですかね？

渋沢　民間企業である会社は野口くんが副業をすると聞いたら、こう考えるだろう。この従業員が副業をしたら雇用契約違反だが、さて実際にクビにするべきか、否か。『仕事ができる』野口くんを辞めさせて、穴を埋めるべく別の人をすぐに雇うことができるだろうか。イチから教育するにしても時間もお金もかかる。会社の機密情報さえ外部に漏らさないと本人が約束するのであれば、少しぐらい認めてあげてもいいのではないか、と損得で考えるはずだ。

野口　つまり、ボクが『仕事ができる』かどうか、会社にとって価値があるかどうかで副業を許してもらえるかが決まると。

渋沢　雇用契約といっても、両者が納得すれば変更してもいいわけだし。だから野口くんはぜひ、自分の力を信じて、正々堂々と試しに副業してもらいたい（笑）。

野口　そんな怪しげな口車には乗りませんよ！　自分が会社にとって価値がなかったら、クビになりますよ！

渋沢　じゃあ、副業しちゃいけないでしょう。そもそも副業する時間なんてあるの？　副業をするとエネルギーが分散されるし、本業一本に集中したほうが成果が出るけどね。やるなら会社辞めてフリーランスに集中したら？　背水の陣を敷かないと乗り越えられないものもあるよ。

●源泉徴収はリスキー？

野口　サラリーマンは給料をもらう時点で税金とかが天引きされていますけど、なにか自分の知らないところでお金が動いているようで気になっています。

渋沢　源泉徴収という制度で、サラリーマンの給料に対する税金（所得税）については1940年から始まっている。日中戦争のさなか、太平洋戦争に向かう時期に導入されている。戦争が終わって、1947年に自ら税金を申告して納める制度が始まっても、この源泉徴収制度は続けられた。

会社はサラリーマンである野口くんの給料から毎月税金を天引きしています。年末になると細かい調整（年末調整）を行い、計算した差額を税務署に納付したり野口くんに還付

（野口くんの給料に上乗せ）しています。本来野口くんが自分で税務署に確定申告の手続きをするところを、会社が野口くんに代わって手続きをすべてやってくれて、税金の申告と納税が完了します。

野口　会社が天引きしたお金はどう流れて税務署にいくのですか？

渋沢　会社は面倒臭いことをやっていて、毎月野口くんに給料を支払う際に、残業手当等を計算して基本給などと合算する。その金額を源泉徴収税額表に当てはめて、天引きする金額を計算している。天引きした所得税については、翌月の10日までに金融機関などで納付している。そのお金が税務署に流れていく。

野口　毎月やっているんですか？　それは大変ですね。

渋沢　しかも、給料から天引きするのは、税務署に支払う所得税だけではない。会社は、野口くんの住んでいる市区町村の住民税や社会保険料も天引きするよう計算している。全従業員について間違いのないように計算し、毎月1人ずつ給料明細を従業員に渡し、給料を通勤費とともに銀行振り込みしているのだから、それはそれは大変な業務を、会社は毎月やってくれているんだ。

野口　やってくれているって、会社なんだし、やるのが当然ではないですか？

●源泉徴収―毎月の手続き●

会社は野口くんの給料の一部を野口くんに渡さず、野口くんが払うはずの所得税などを、野口くんの代わりに払う

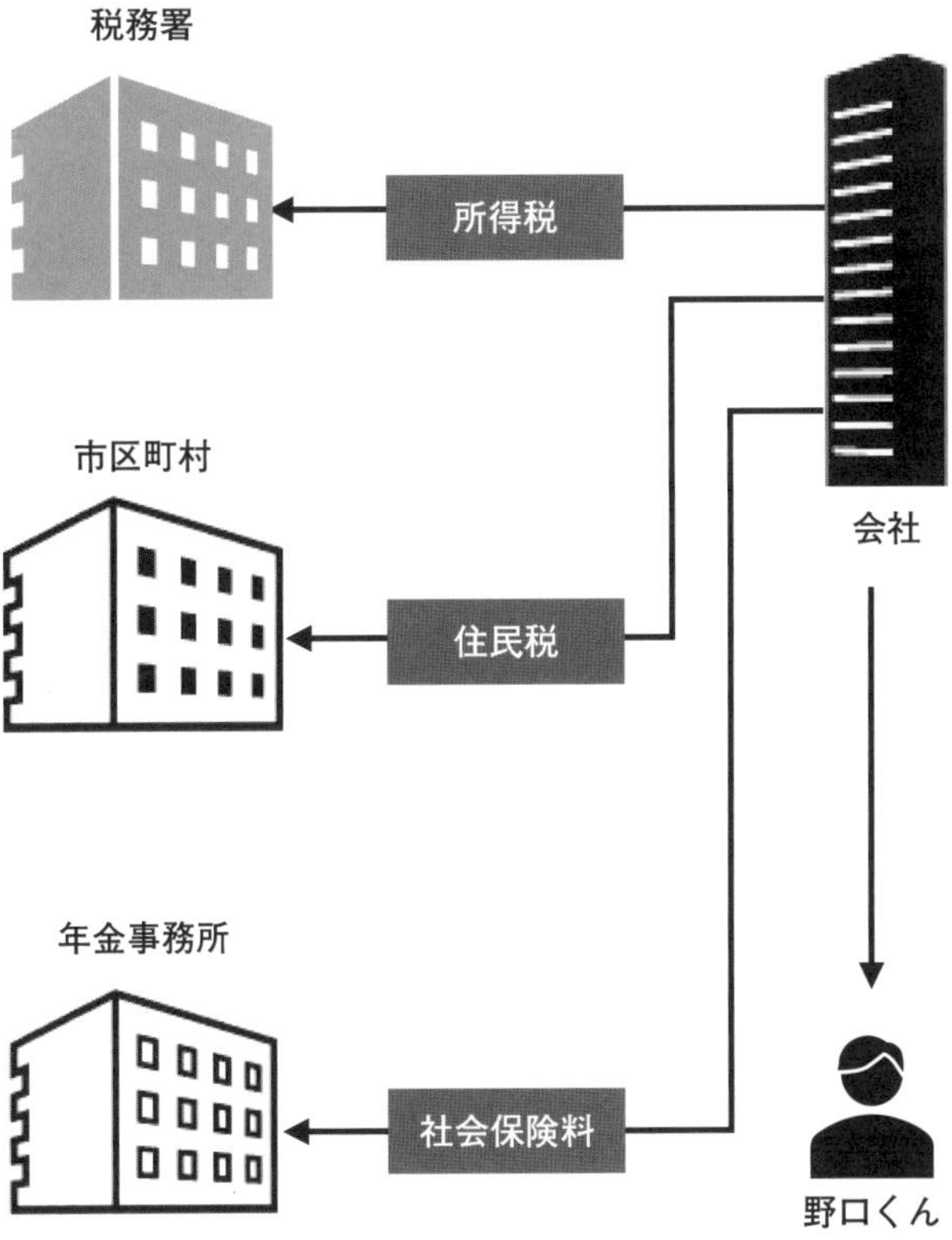

野口くんの給料のうち、所得税などを引いた金額を給与明細に明記して残りを払う

渋沢　所得税は自ら計算して納めるのが原則だ。けれども源泉徴収として天引きしてみると、税金のとりっぱぐれが少なくなり、とても使い勝手がよい制度だと分かった。現在では、住民税と社会保険料も便乗する形になっている。

野口　ボクとしても、会社が全部やってくれて楽です。

渋沢　この源泉徴収制度はよくできた制度で、作った人はとても頭のいい人だ。

税務署や市区町村、年金事務所にとっては、サラリーマンが自分の給料を受け取る前に先取りすることができるので、確実に網をかけることができ、また滞納を防ぐこともできます。しかも会社が毎月給料を払うタイミングで早めに税金を預かることができます。手続きは全部会社がやってくれるし、サラリーマン（雇用者）は６０００４万人もいるので役所の手間が劇的に減ります。

源泉徴収はサラリーマンにとって税金を取られる痛みを感じさせないようにすることができるので、文句がでにくく、税金を取りやすいと言えます。会社にとっても源泉徴収するお金は会社が負担するお金ではなく、あくまでサラリーマンから預かったお金なので金銭的なダメージがありません。サラリーマンにとっても、税金や社会保険の制度を勉強しなくてもいいのでラクチンです。

●源泉徴収―年末の手続き（年末調整）●

① 会社が野口くんの１年間の給与と所得税を計算する
② 12月、遅くとも翌年１月の給与で精算する
③ 会社が①で計算した金額を税務署に報告し、差額があれば野口くんに代わって納める

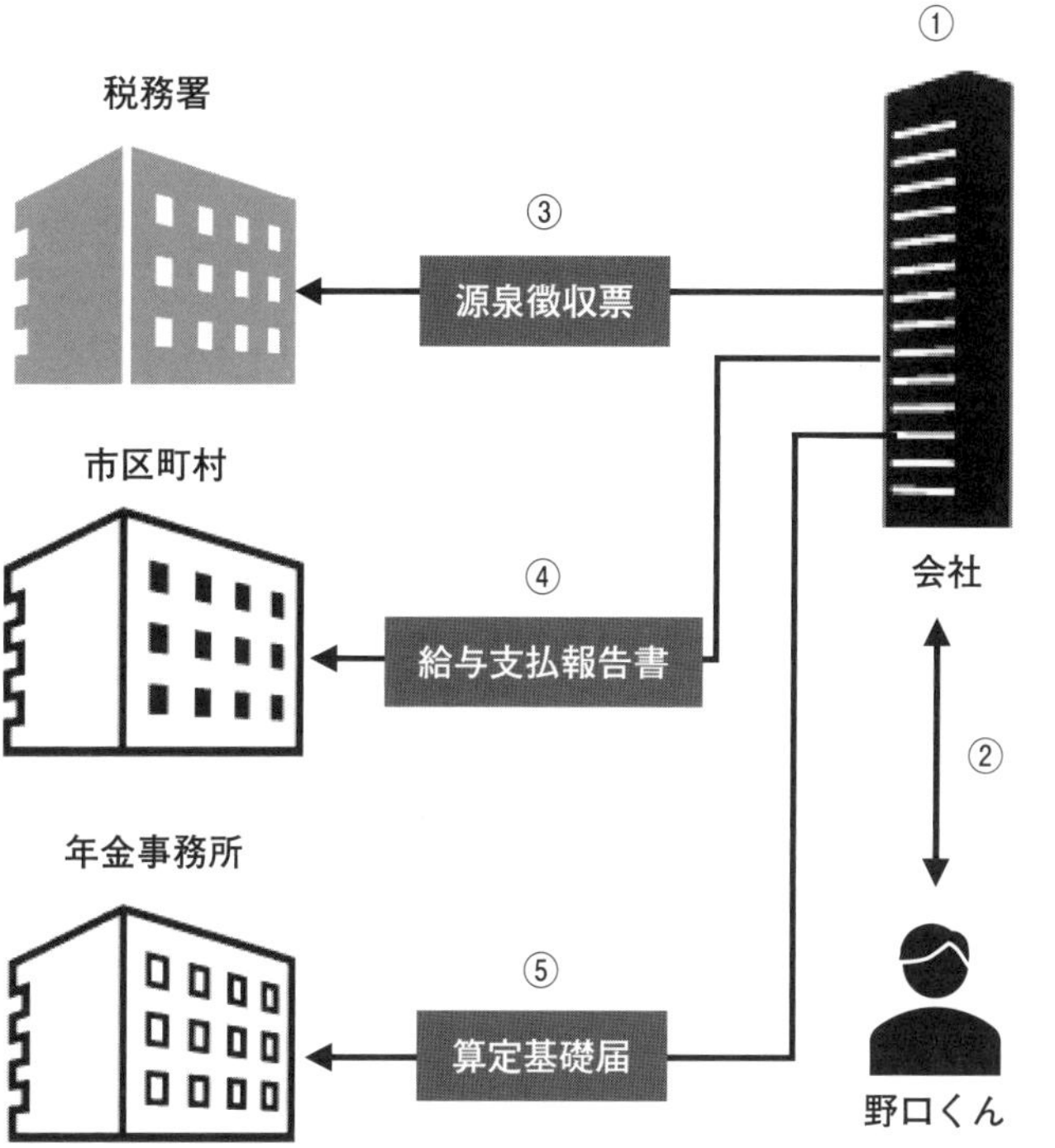

④ 野口くんの１年間の給与収入を報告する
⑤ 時期はちがうが野口くんの給与収入を報告する

野口　でも会社にとって、源泉徴収の手続きはお金もからむし面倒くさい面がありますよね？　スタッフを増やして対応することもあるでしょうし。もし、会社と従業員が同意して、『うちらはこの手続きをやりません、今後はサラリーマンが直接税務署に払います』と主張したらどうなるんですか？

渋沢　それは認められない。源泉徴収の義務は会社側にあるからだ。手続きをしなかった場合のペナルティは、サラリーマンではなくて、実は会社が負うことになっている。

野口　なんか、変な気がしますけど。

渋沢　たとえば、会社が野口くんに給料を支払うとき、税金を源泉徴収しなかったとする。翌年の確定申告の時期に野口くんがこう気付くんだ。『自分は去年1年間で1円も源泉徴収されていないってことは、1円も税金を払っていないということ。これはいけないので、確定申告でその1年分をまとめて払おう。いいアイデアだ』。

そして、野口くんは1年分の給与収入を税務署で申告し納付した。野口くんはこう思うんだ、『税務署も1年分を受け取ったわけだし、全然文句ないよね、ちゃんと帳尻を合わせることができてよかった！』。

野口　めでたし、めでたしですね！

渋沢　それがそうではないんだ。その後、税務署から会社に連絡がくる。

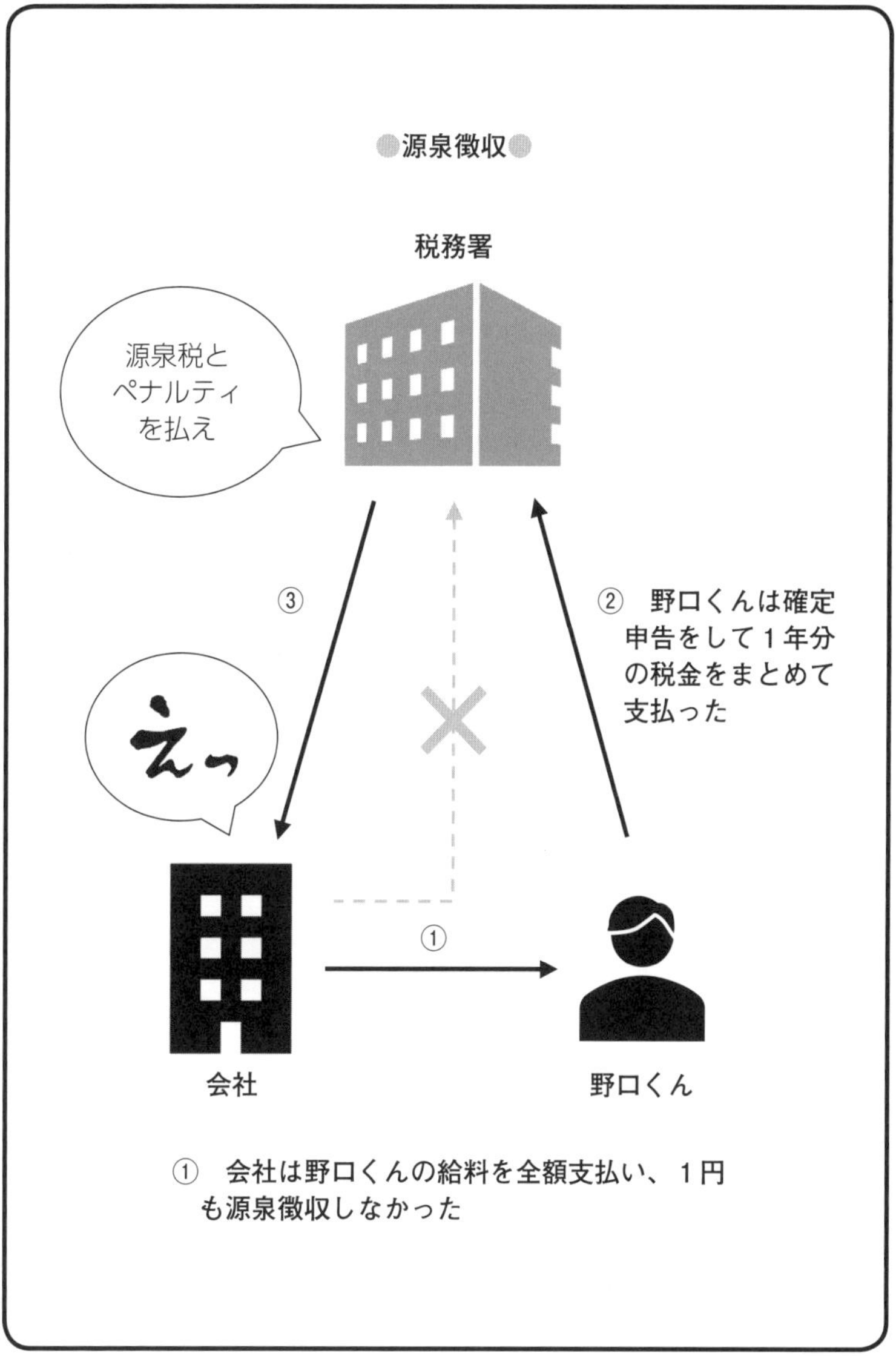
源泉徴収
税務署
源泉税と
ペナルティ
を払え
③
② 野口くんは確定
申告をして1年分
の税金をまとめて
支払った
えっ
①
会社
野口くん
① 会社は野口くんの給料を全額支払い、1円
も源泉徴収しなかった

税務署員　源泉徴収すべき税金を納めてないので、払ってください。

会社　たしかに会社は納税していませんが、本人（野口くん）が確定申告をして全額をすでに支払っています。そちらもちゃんと受け取っていますよね。

税務署員　それは源泉徴収とは関係がありません。ご本人（野口くん）が確定申告で納めた税金と、源泉徴収の税金は関係がないんです。源泉徴収税額は会社が納めるべき金額だからです。源泉徴収しなかったペナルティとして、会社が10％多く税金を払ってください。

会社　えっ！　全然理解できないのですが。

税務署員　繰り返しになりますが、たとえ野口くんが確定申告で支払っていたとしても、会社が給料を支払うときに源泉徴収をしなかったことは事実ですから。罰金のフラグはそのときに立ってしまうのです。

野口　ボクも全然理解できません！　全体から見ると税務署はちゃんと税金を受け取ってますよね？　そんなペナルティも払ったら税金取り過ぎではないですか？

渋沢　たしかに、一般の市民の感覚からはかけ離れたいびつな制度になってしまっている。でも私が野口くんに伝えたいのは、この制度がおかしいという話ではなく、フリーランスになるときはこの問題点をよく理解しておかないとトラブルが起こるという話。

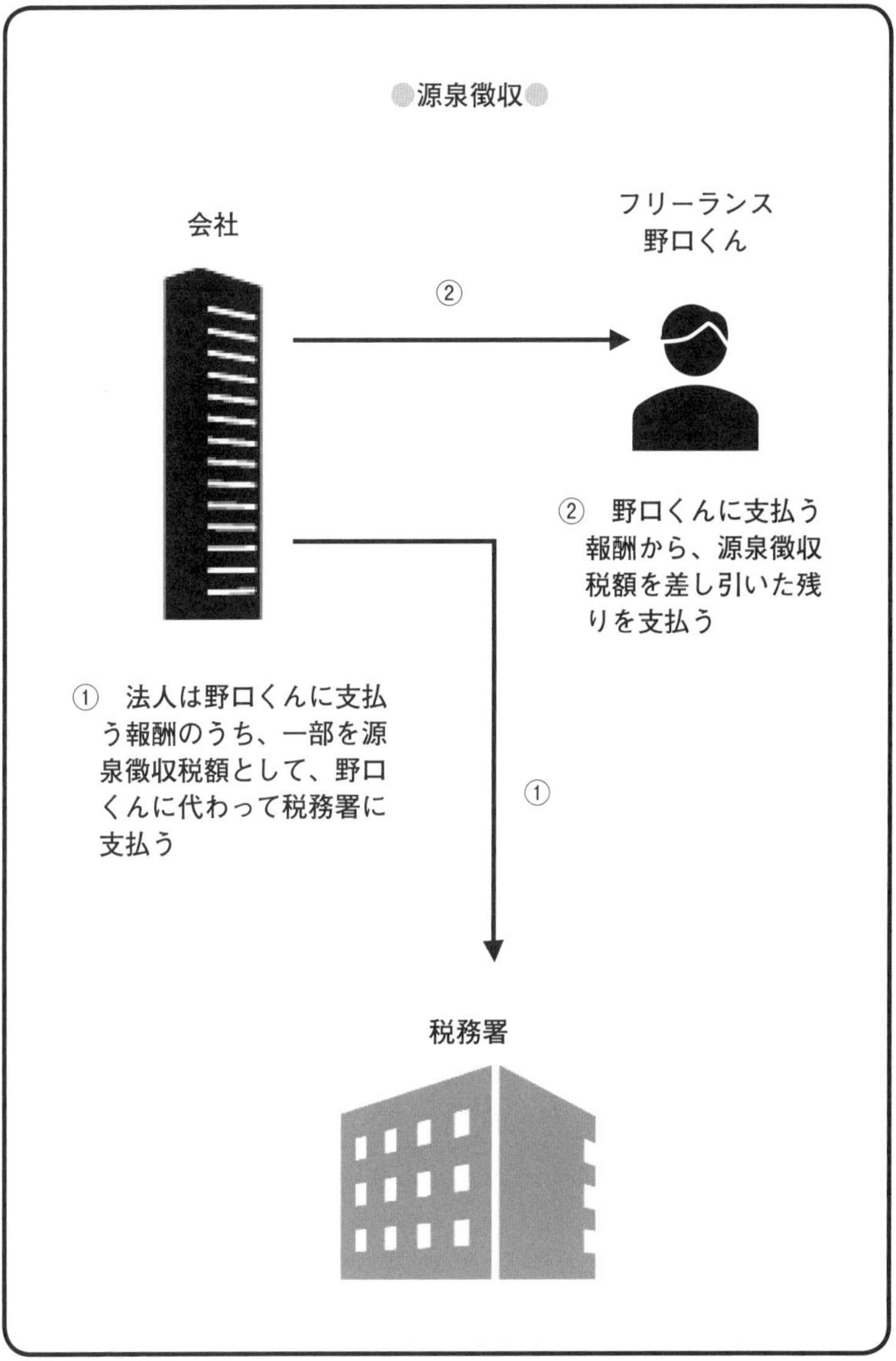
●源泉徴収●
会社
フリーランス
野口くん
②
① 法人は野口くんに支払う報酬のうち、一部を源泉徴収税額として、野口くんに代わって税務署に支払う
② 野口くんに支払う報酬から、源泉徴収税額を差し引いた残りを支払う
①
税務署

野口　ボクはまだ人を雇っていませんよ。自分の会社すら作ってないですし。トラブルとはどういう意味ですか？

渋沢　源泉徴収の制度は報酬の種類によってはフリーランスでもあるからだよ。たとえば、野口くんが個人（フリーランス）のデザイナーで仕事をしたら、お客さん（会社）は野口くんに報酬を払う際、その一部（100万円以下なら10・21％）を天引きして税務署に直接納める、というルールがある。

野口　これも国のとりっぱぐれを防ぐためですか？

渋沢　そのとおり。源泉徴収は給料など受け取る側ではなく、そのお金を払う側に義務とペナルティが課されるというのはさっき言ったね。給料と同じように、野口くんがフリーランスとしてその会社から報酬をもらうときには、お金を払う会社に義務とペナルティが課されるんだ。

でも、ここで源泉徴収を考慮した請求書を作るのは誰かというと、会社ではなくフリーランスの野口くんなんだ。つまり、野口くん自身が気を付けて源泉徴収の計算をちゃんとした請求書を作らないといけないということ。

野口　源泉徴収をしていない請求書をその会社に送ると、ペナルティをその会社、つまりお客さんが受けることになってしまうということですか？

渋沢　そう。つまり、野口くんのミスをお客さんが被るというトラブルが発生してしまう。
野口　お客さんとの信頼関係も壊れてしまいますね。
渋沢　しかも税務署から指摘されて払うペナルティは10％。これは年利10％ではない。翌月10日の期限に間に合わなかったからという理由で、まるまる全額かかってくる容赦のない制度なんだ。この源泉徴収について税務署の厳しい目が光っているので注意したい。
野口　ペナルティの分を、ミスをしたボクがそのお客さんの代わりに払ったら、どうなるんですか？
渋沢　それは、お客さんに追加の税金が発生する可能性がある。
野口　でも、ミスしたボクが負担できれば、ひとまずお客さんは納得しますし、問題を解決できますよね。
渋沢　似たような例で実際に、不動産の売買の現場で源泉徴収が本来必要なのにしていなかったとして、その仲介に入った不動産業者が買い主との間でトラブルになったケースがある。

　海外に住んでいる人が日本に所有している物件を売るとき（一定の条件を満たすとき）は、その買い主は購入金額の10・21％を源泉徴収して国に納めないといけません。海外にいる人が脱税したら捕まえにくいので、これも国がとりっぱぐれるのを防ぐための制度です。

不動産の取引は金額自体が何十億円となることがあるので、源泉税とペナルティで数億円になりました。売り主と買い主の売買金額のやり取りは、すべてこの不動産業者が行っていたので、請求書ももちろんこの業者が作っていました。この仲介業者は源泉徴収をすることを知らずに取引をしていて、ある日買い主が税務署から数億円払えと指摘を受けたと聞いて青ざめました。

野口　数億円はまずいですね。

渋沢　本来その数億円を払うのは買い主だ。でも買い主は売買代金の全額をすでにその海外に住む売り主に支払ってしまっている。つまり買い主の手元にもうお金はないので、源泉税の数億円を払う余裕はない。売り主からその数億円を戻してもらおうにも海外で音信不通だ。これでトラブルになった。

野口　結局、どうなったんですか？

渋沢　買い主は銀行から借金してなんとか数億円を払った。その不動産業者とはしばらくモメていたみたいだ。

野口　ひえぇ！

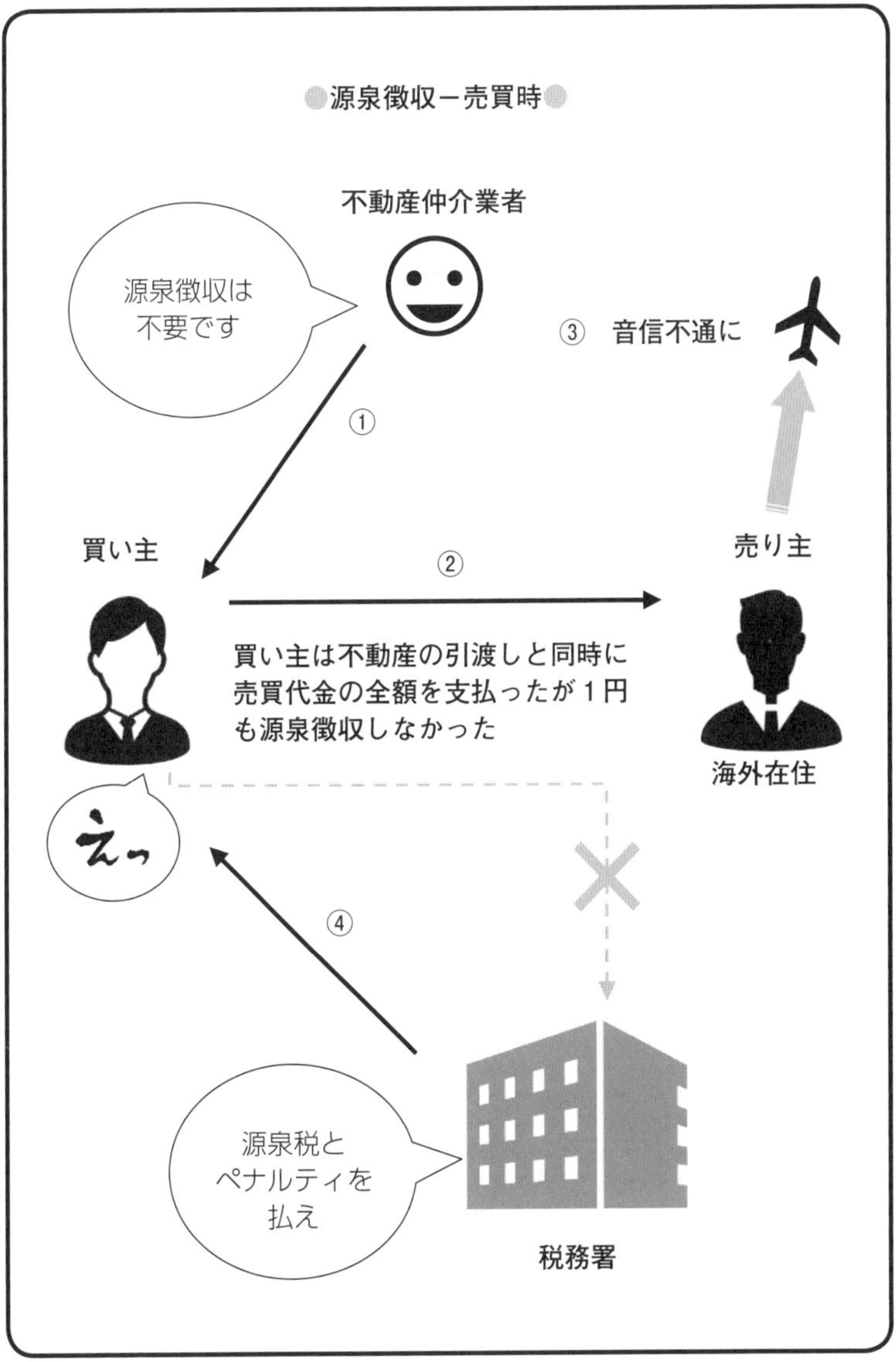
●源泉徴収－売買時●
不動産仲介業者
源泉徴収は
不要です
①
③　音信不通に
買い主
②
売り主
買い主は不動産の引渡しと同時に
売買代金の全額を支払ったが１円
も源泉徴収しなかった
海外在住
えっ
④
源泉税と
ペナルティを
払え
税務署

●源泉徴収はこうやって乗り越えよう

野口　源泉徴収って怖いですね。

渋沢　だから、源泉税については、フリーランスになるときはある程度知っておいたほうがいいのだけど、何せ源泉徴収の制度自体もまた複雑なんだ。

野口　どんな感じにですか？

渋沢　まず、どんな種類の報酬なのか、次に、報酬の受取り側が法人なのか個人なのか、そして、報酬の支払い側に従業員がいるかいないかによって、源泉徴収が必要であったり、いらなかったりする。この辺に気を付けながら、フリーランスになった野口くんは請求書を作るわけだ。

野口　これもまたイチから勉強するのですか？

渋沢　なるべく手間にならないように、サラリーマンであるうちに会社はどのような請求書を作ってお客さんに送っているのかを把握すること。そして、フリーランス（個人事業主）として同じ内容の仕事をしてお客さんに請求する場合には、源泉徴収が必要になるか税務署に電話して聞くことだよ。

野口　また出た！　人に聞け、ですね！

渋沢　野口くんに税理士を雇う余裕はないだろうし、だからといって源泉徴収でお客さんや税務署とトラブルになるのを避けたいのなら、当面はそれでしのぐしかない。またはもっとシンプルな方法もある。

野口　何ですか？

渋沢　フリーランスの野口くんが個人事業主ではなく、法人を作ってお客さんと取引することだよ。野口くんが法人になれば、お客さんが報酬を支払うときにわざわざ源泉徴収しなくてすむようになる。つまり野口くんが請求書を作るときも、源泉徴収を考えずにすむのでぐっと楽になる。ただ矛盾するようだけど、法人を作ると税理士を雇わないと申告が大変なのでお金がかかる。

野口　法人同士のやりとりなら、こちらもお客さんも煩わしさはたしかに減りますね。

渋沢　法人を作っても源泉徴収の問題は、完全には消えない。お客さんへ請求書を出すときに源泉税を考えなくて済むようになるけど、人を雇ったときの給料や税理士への報酬の支払のタイミングで、また源泉徴収の問題がでてくる。でも野口くんが雇っている人数が少ないときには半年分まとめて納めることができたりと、小規模な会社に配慮した制度が用意されている。

所得税では、野口くん（または野口くんの会社）が給与を払う人数が9人以下の場合、源泉徴収したお金を毎月税務署に納めるのではなく、半年に一度、6か月分をまとめてでよいという制度があります。1月と7月に半年分をまとめて払えばいいので随分楽になります。

住民税では、従業員数が2人以下などの条件を満たす場合には、従業員本人が直接、市区町村に支払うように切り替えることもできます。こうすれば会社は住民税を天引きする手間がなくなり、業務を減らすことができます。また、住民税も所得税と同じように給与を払う人が少ない場合には、天引きしたお金を半年分まとめて支払う方法を選択することができます。こちらは6月と12月の年2回の支払です。

社会保険については、野口くんが個人事業主で、従業員が4人以下の場合には、『社保』に入らずにすむので、社会保険料を天引きする必要がありません。

これらの制度を駆使すれば、フリーランスでも天引きの手間を減らすことができます。

渋沢　このように税金や年金の制度は、規模が小さいところはマンパワーが足りないでしょう、だから手続きを簡単にしてあげるよ、という内容になっている。所得税と住民税のこれらの制度を使う場合には申請が必要なので、税務署や市区長村に申請の仕方を聞いてみよう。

野口　従業員数で見るんですね。

渋沢　従業員数が少ないところは、たとえ売上が大きくて何億円という利益を出していても対象になるのが面白いところだ。逆に言えば、従業員数を抑えながら商売を大きくしていければ、経理も楽だよ。

野口　従業員が増えてきたら、やっぱりこれらの手続きをしなければいけませんね。

渋沢　そのときは顧問の社会保険労務士や税理士を雇うお金もでてくるだろうから、お金で彼らの力を借りて任せてしまえばいい。

野口　源泉徴収の手続きを見てきましたが、やっぱりフリーランスは、サラリーマンと比べると手続きが多くてソンですね。疑問なのですが、会社は国やサラリーマンに代わって税金の手続きをしているのですから、代行料とかもらっているんですか？

渋沢　代行料？　そんな補償なんてないよ。なぜ本来サラリーマン個人がやるべき申告の手続きを会社が代わりにやらないといけないのか？　なぜ本来国がやるべき税金を集める作業を会社がやらないといけないのか？　そして義務を怠ると会社にペナルティが課せられるのはおかしい、という裁判があった。

野口　たしかに、そうですね。

渋沢　この裁判では、源泉徴収の制度は財産権を侵害し、法の下の平等にも反して、憲法違反ではないかと争われたんだ。

野口　裁判があっても今でも続いているということは……その人は負けたんですか？

渋沢　そう、負けた。１９６2年に最高裁は『源泉徴収制度は合理的なシステムであり、公共の福祉による制約として許されるし、補償も不要』という判断をした。

野口　やっぱり、やらなくちゃいけないんですね。

●フリーランスで稼げないのに会社はなぜ給料をくれるのか？

野口　フリーランスで年間７００万円の売上だと、月に58万円を稼ぐんですよね。請求書を自分で作ったこともないし、全くイメージがわきません。アルバイトと違って、自分で商売して稼ぐわけですよね。月に数万円は何とかいけそうですが、とてもじゃないですが58万円を稼ぐのは無理という感じです。

渋沢　でもいまの会社は野口くんにそれに見合う給料を払っているよね？　年間７００万円はいまの野口くんの給料４４０万円から逆算して計算したものだ。

野口　そもそも、なぜ会社は年間４４０万円も払えているのですか？

渋沢　野口くんにその価値があるからでしょう。

野口　でも自分でその金額を稼げそうもないのですが。

渋沢　野口くん一人ではその金額を稼げなくても、会社がもっているシステムに野口くんを投入すれば、稼げるようになるということ。

たとえば、マクドナルドはハンバーガーを作って販売し、利益を上げています。ハンバーガーを作っているのはその道何十年の料理人ではなく、学生のアルバイトです。学生を雇って、数日したらすぐに店頭に立たせて、売上に貢献させることができるシステムがあります。優れた教育システムや効率的な機材、そしてハンバーガー作りのノウハウを、マクドナルドは会社として持っています。その結果マクドナルドは儲かるし、アルバイトも月に数万円から十数万円をもらうことができます。

野口　でも、ボクと同じように、そのアルバイトもフリーランス（個人事業主）になったら、その十数万円を稼げるかどうか難しいですよね。

渋沢　そのとおり。雇われている側からすると、フリーランスとしては自分では稼げないお金を、サラリーマンになれば稼げる。フリーランスの野口くんと会社が違うところはいくつかあるけど、まず会社はそういう工場のようなシステムを持っていること。もっと具体的にいうと、長い年月の間に築いた製品に対する信頼だったり、ブランドだったり、ノウハウだったり、そういうものがある。こういったものを資本といい、資本を持っている人を資本家といい、そこで働く人を労働者という。野口くんは資本を持ってないので労働者だ。

野口　それはそうでしょうね。

渋沢　逆に、会社からの視点で考えてみよう。野口くんを雇うのは、ボランティアでもなければ、雇用を生み出すという社会正義からでもない。利益を生むためだ。つまり野口くんを雇って自社のシステムに組み込むことで、より多くの利益を上げられるからトクと判断したから雇っているんだ。

野口　会社が用意したシステムの中では、ボクは歯車の1つとして利益を上げるのに貢献しているということですね。

渋沢　仮に採用面接のときに野口くんが『年収1000万円ください』というと、会社としては、『本当の年収』で500万円、額面で440万円の給料を支払うつもりなので『お帰りください』となる。野口くんに年収1000万円を支払っていたのでは、会社の利益が上がらないので雇うメリットがなくなるからだ。

野口　年収1000万円くださいなんて、急に言えないですよ。

渋沢　野口くんが額面の年収440万円で納得してくれているから、会社はシステムを使って利益を上げられる、ということ。同時に野口くんにとってもメリットがあって、自分で稼ぐと年収100万円にも届かないけど、その会社でサラリーマンをすれば、年収440万円になるというメリットがある。会社と野口くん双方にメリットがあるから、いまの状況があるんだ。

野口　そうですね。会社を辞めないほうが、稼ぎは大きくなりそうですからね。

渋沢　サラリーマンとフリーランスでは利益の生み出し方が違うので、サラリーマンを何十年間続けているからといって、フリーランスとして稼ぎやすくなるということはない。逆にフリーランスを何十年やっても、サラリーマンとして稼ぎやすくなるということでもない。

野口　そう考えると、サラリーマンも効率的な生き方という気がしてきますね。

渋沢　合理的でしょう。

●定年後を考えると……

野口　他の会社に転職するのはどうですか？

渋沢　サラリーマンから同じサラリーマンとしての転職なので、使うスキルは似たようなものだし、同じような年収をもらえる可能性はある。でもフリーランスになり、自分で食べていくとなると、そこに壁があって怯《ひる》んでしまう。

野口　多くの学生は卒業後、まず就職しますよね。いまフリーランスで稼げている人も、昔はサラリーマンだったわけですよね。

渋沢　卒業後、いきなり自分の会社を作りフリーランスとして稼ぎだす、という人もいるけど、やはりフリーランスになる前は、何年かサラリーマン経験があるもんだ。

野口　定年までずっとサラリーマンでいる、と考えれば、フリーランスとしての能力を磨くことは考えなくてすむわけですよね。

渋沢　人生100歳まで生きる時代がやってきて、退職金をたっぷりもらえる会社に勤めているのならば、心配はないだろう。けれども退職金の制度が無かったり、微々たるものであったり、自分は長生きしそうだと感じているのならば、お金が足りない未来がやってきたときに、一番いいのは働き続けることだ。ということは、定年後はどうせフリーランスの状態になる。

野口　うちの会社の退職金は多くないので、100歳までもちませんよ。かといって切り詰めて節約して生きていくのもしんどいです。退職金がたっぷりもらえるサラリーマンって全体の人数からみたらほんの一握りですよね。退職金が少ない場合、定年後に働くとどのくらいの年収になるのですか?

渋沢　シルバー人材センターという定年後のシニア向けの仕事紹介所なら、ひと月で数万円という世界。そう考えると、サラリーマンに適応した能力だけに頼った人生は、危険だ。サラリーマンもできるし、フリーランスでもある程度稼げるようなキャリアの選択をしておくべきだ。

野口　サラリーマンをしつつ、フリーランスでも稼げるようにしておくことなんて、できますか？

渋沢　フリーランスはある1つの専門性が高いから、その部分を活かして食べているんだ。スペシャリストであってジェネラリストではない。だからサラリーマンとして会社の中で働いているとしても、なるべく専門性の高い仕事だけを何年もやり続けて極められる環境に身を置けばいい。

●ジョブ型とメンバーシップ型

野口　会社のなかで仕事を選ぶなんて無理ですよ。ある程度自分の希望を出せますけど、通るか分からないですよ。自分がずっとその仕事だけしていたいと言っても、営業から経理、人事、総務と数年ごとに配置転換がありますから。それが組織ってものです。

渋沢　フリーランスになるためには、いろんなことを薄くできるよりも、何か1つの能力が高いことが求められる。しかし、会社に入ってからでないとどんな種類の仕事をするか分からない、いわゆるメンバーシップ型雇用では、異動もあるし会社の人事部次第だな。

野口　就職ってそういうものではないですか？　転籍や異動も仕方ないですよ。それに転勤や単身赴任も仕方ないです。その代わりにいい給料もらっているのですから。

渋沢　よくそんな人任せで生きられるな。それで社内でたまたま専門性が身についてフリーランスとして独立しても、うまく稼げるなんて……偶然や奇跡を信じすぎている。そもそも、自分がどんな仕事をするか決まっていない会社の入社試験をよく受けられるね。

野口　みんなそうやって就職活動をしていくんですよ。なるべくいい会社、有名な大企業で給料の高い会社です。

渋沢　そのルートはたしかに大多数の人が選択していることかもしれないけど、フリーランスには繋がってないんだよ。もうそういう価値観は忘れろ。就職っていうのは、自分の専門性を高めるためにするものだ。将来専門的なスキルを使ってフリーランスで独立して食べていく自分と、スキルがない今の自分との間を埋めるために存在するものだ。

だから数年後、または十数年後フリーランスとしてこの仕事をしたいので、そのためのスキルが手に入る会社を探すんだ。同時に、仮に入社できたとして、ちゃんと狙いどおりの仕事だけをやらせてもらえそうか、それが明確に決まっている募集なのか、つまりジョブ型雇用なのかを厳しくチェックする。

将来その会社を辞めてフリーランスとして自分が独立するときに、

●のれん分けという形でお客さんを持っていくことができる
●外部の協力者との関係をそのまま活かすことができる
●同僚や後輩をビジネスパートナーにできる
●仕事道具をそのまま使える。フリーランスになってすぐに営業を開始できる

というメリットもあります。

野口　将来どんなフリーランスになるか決まっていません。だから今どんなスキルを身に付ければいいかなんて分からないので会社を選びようがないですよ。学校を出る20歳前後でそんなこと見通せますかね。

渋沢　じゃあ、自分の専門分野をいつになったら決めるんだ？　いろんな分野をみて十分に見識を広めてから、つまり40歳か、50歳か？　それも遅くないけれども、その頃には同じ年の人がその分野でとうの昔にスタートを切っていて経験を積み20年選手、30年選手としてはるか先を走っている。

それを見たとき、他者と比較なんてしなくていいのに、つい比べてしまうだろう。いまからスタートして数十年分の遅れを取り戻さなければいけないと焦る。それでもなおイチからスタートを切る、そんな強靭なメンタルを持てればいいけど……。

野口　厳しそうですね。いまから動きますよ。

渋沢　エントリーする会社がどんな技術で稼いでいるのかを見て、その技術を身に付けられるジョブの応募に申し込んだほうがいい。そういう強みはまさにその会社が競争に勝って生き残っている原動力であって、仮にフリーランスになったときにも希少価値がでるはずだ。

野口　総合商社で、ずっと法務部にいましたとかは、どうですか。

渋沢　商社はモノを動かす仕事なので、その輸入や輸出を仕切るのがコア技術だ。商社で法務部にいたからって、フリーランスになったとき強みが発揮できるわけではない。法務部出身であっても、弁護士資格がある人には、フリーランスの立場ではかなわないから。

野口　そう考えると、選ぶ企業は変わってきますね。

渋沢　会社に勤めて、そこの会社のコア技術を身に付けようとしたら、本当にやる気があるなら1、2年で身に付けることができる。それは基本的な技術だけれども、あとは自分で試行錯誤しながら改良して進んだほうが早い。

野口　よく1つの会社に3年はいるべき、と聞きますけど……。

渋沢　それは、技術を学ぶのに必要な時間というよりも、3年を超えて同じ会社にいても、学ぶスピードが衰え時間の無駄になるから勤め続けてはいけない、という意味だよ。次の職場に転職して新しい技術を手に入れるか、独立してフリーランスになったほうが本人の成長になる。

野口　でも1、2年でその商売の全体を把握するのは、大企業じゃ無理ではないですか？　自分がやる仕事は大きな組織のほんの一部分ですので。

渋沢　だから、従業員が20人ぐらいの小さい会社に入って技術を学び、小さいながらも全体を見渡せたほうが、将来フリーランスでやっていくときに役に立つものも習得しやすい。

野口　でも、そんな小さな会社に転職すると給料が下がりそうでいやです。

渋沢　下がっていいでしょ。

野口　給料が下がるなんて、そんな転職、失敗じゃないですか？

渋沢　小さい会社を狙えば給料が下がる可能性は十分あるが、こんな例もある。ある人がフリーランスになり、自分の会社をつくったがなかなかうまくいかなかったので、もう一度やり直そうとした。だけど他にスキルはない。そこでその人は、次にやりたい商売ですでに成功している会社の社長に会いに行き、お金（100万円）を払って1年間修行をさせてもらったんだ。

つまり、野口くんは短期的にお金をもらうことばかりに目がいっているわけだけれど、本来ならば将来自分で独立して商売するときの種をもらいに修行に行くのだから、お金を払ってでもその経験を得るべきだ。

●お金を払ってでも働かせてもらう?

野口　お金を払って働くなんて、全然想像できません。

渋沢　知識は本を読めば手に入るけれども、実務経験は本を読んでも手に入らない。でも、何とかしてその分野の会社で修行して実務経験を得たい。1年間だけ100万円を払っても、将来数十倍になって返ってくるなら十分ペイする。しかもMBA（経営学修士）のようにお金を払ってお客さん（学生）の立場に甘んじるのではなく、お金を稼ぐ側の経験が積めるなんて素敵だ。

野口　将来数十倍になって返ってくればいいですが、その保証はありません。

渋沢　そんな保証なんてあるわけないだろう。野口くんは、つねに受け身というか、被害者意識がある気がするな。

野口　労基法とか知っていますか？　サラリーマンの給料は法律で守られているのですよ。ボクがお金を払ってサラリーマンをしていたら、労働基準監督署が黙っていませんよ。

渋沢　フリーランスになりたいという野口くんにだから言うけど、その考え方はサラリーマンというより、未成年者に近い気がするよ。未成年者は判断の能力が低いので、本人を保護するために行動が制限されるけど、その半面、社会から守ってもらえるという制度。

野口　守ってもらって、何か問題がありますか？

渋沢　フリーランスや商売人の世界は、商法や会社法の世界だ。商売の世界では、弱肉強食であるし、スムーズで自由な取引を実現することが最大の目標になっている。だから守ってもらいたい、という人はずっとサラリーマンでいるべきで、フリーランスの世界に来てはだめだ。

野口　自分でお金を払ってというのが理解できません。自腹じゃないですか！

渋沢　すごい拒否反応だな。サラリーマンは会社の経費で落ちるかどうかと気にするけど、フリーランスは自分でお金を管理するので、言ってしまえばすべて『自腹』だ。自腹でお金を使って自己投資をする。それは将来回収できるか分からないけど、でも投資しないとどうしようもないんだ。

野口　バクチですね。

渋沢　バクチじゃない。自分で費用対効果を考えてお金を使う。だから、将来自分が稼ぐことができる能力や経験を身に付けられる職場なら、その価値がある。お金を払って経験を積みに行くというさっきの人の例も納得できる。私にとって違和感はないよ。

野口　ボクはありますけど。100万円とかいって詐欺じゃないですか？

渋沢　その人は自ら『100万円を払うから1年間働かせてください』と頼みにいったんだぜ。詐欺ではないだろう。野口くんのいま勤めている会社も、大きな視点で見ればそういった自腹での試行錯誤を繰り返しているんだ。過去に会社がやったプロジェクトで何億円も投じたけれど、結局うまくいかず撤退した事業があるだろう？　結局チャンスをつかむためには、最初にお金も時間も投じて、１００％うまくいくか分からないけれども、自腹でやってみるしかないんだ。

野口　そういうプロジェクトありますね。その担当者は子会社に飛ばされました。

渋沢　サラリーマンだと社内政治のせいでそうなることがある。けれど、そういうチャレンジをしないと経験が得られない。うまくいかなくても経験が残る。野口くんも将来フリーランスになる道を選ぶなら、大きな会社で試行錯誤が見えにくい状況に身を置くよりも、小さい会社のほうが参考になるはずだ。

野口　フリーランスになったら、イメージですけど、ぎゅっと規模が小さくなって全部自分一人でやることになりそうですね。

渋沢　営業部がやっている顧客開拓も、広告宣伝も、経理がやっている帳簿付けや銀行対応、資金繰り、人事や総務がやっていることも全部自分一人でやることになる。だから、小さい会社でサラリーマンとしてその様子を体験しておくことには価値がある。

野口　冷静に考えてみると、そんなの全部一人でできますか？

渋沢　できるよ。その都度役所に聞いたり、専門家に聞いたりして、ゆっくりやっていけばできる。完璧を目指すのではなくて、場当たり的でいい。

ユニクロブランドを展開するファーストリテイリング創業者の柳井正氏も、最初は宇部で紳士服の家業を継いで、25歳で事業を任されている（柳井正『一勝九敗』新潮社）。いまや世界的な企業も、最初は社長が全部一人で商売全体を見ることから始まるし、それが強みになるんだ。

その三　起承転結の転

● 収入が不安定になる、さぁどうする？

野口　フリーランスとしてやって、うまくいくかどうかまだ不安です。

渋沢　フリーランスは自分の裁量で仕事をできるのでその分サラリーマンのときよりも満足感は高くなるけれども、半面収入は不安定になる。

フリーランスの人のうち、92・4％の人が事業を営む上での不安、悩みに「収入の不安定さ」を挙げています（中小企業庁委託「小規模事業者の事業活動の実態把握調査～フリーランス事業者調査編」２０１５年2月㈱日本アプライドリサーチ研究所）。収入が高くなれば不安に思う人が減る傾向にはあるのですが、フリーランスにはいつもついて回る問題なのです。

渋沢　収入が高かろうが不安定な生活はぜったいにイヤだ、という人はフリーランスには向かない。フリーランスの中にも、高い収入を稼いでいる人とそうでない人がいる。野口くんはそのうまくいっているほう、勝ちパターンに入れば不安は減る。

野口　フリーランスになって、さらに勝ちパターンに入る確率は何パーセントぐらいですか？会社を辞める前に知りたいです。

渋沢　そんな確率など頼りになるものか。勝つか負けるかは確率論ではなくて、野口くん自身の腕や能力による。自分の力で確率を上げればいい。

野口　それだとちょっと自信がないですね。サラリーマンのように毎月お金が振り込まれるわけでもないですし。せめてフリーランスの収入の不安定さを減らす方法はありませんか？

渋沢　収入に波があるけれども、支出、つまり出ていくお金は毎月一定額があるから、ある月はお金が足りなくなったり、ある月はそうでもなかったりする。波を打ち消すことができれば不安定さも減るし、サラリーマンからフリーランスになるときも少しは気が楽だろう。

フリーランスの収入の不安定さを減らす方法は以下の3つです。

①　毎月の支出（固定費）を上げないようにする
②　自分でお金を貯めておく
③　銀行からお金を借りておく

渋沢　①の『毎月の支出（固定費）を上げないようにする』から説明しよう。収入に波があるので、その収入が小さいときのレベルに支出を合わせることができれば苦しまなくてすむ。つまり、出ていくお金を毎月柔軟に変化させることができればいいわけだ。でも、オフィスを借りたり事務員さんを雇ったりすると、そういうわけにもいかず、毎月一定金額が発生してしまう。こういうのを固定費という。

野口　自宅でできる仕事がおすすめって、さっき言ってましたよね？

渋沢　それは、固定費をなるべく抑えるためだ。だからといって自宅でお客さんと面会するわけにはいかなかったり、お客さんのプライバシーにかかわる資料が多くてカフェでミーティングできなかったり、自宅に家族がいて仕事ができる環境ではないという人もいる。そういう場合には、オフィスを借りるのを検討することになる。

野口　シェアオフィスって流行ってますね。

シェアオフィスの運営会社がやっているのは、たとえば、各作業部屋の面積を小さくして、広い会議室と受付スタッフをみなでシェアするという形態です。たしかに、自分ですべて準備するよりも安くすみますが、あまり使わないサービスの料金や運営会社の利益が盛り込まれているので、実際には思ったよりも安くならない場合があります。それでも場所が大通り沿いであったり、駅前で立地が良かったり、建物が立派だったりすると、土地や物件のブランド力でお客さんが安心します。

野口　シェアオフィスという響きで、お客さんが心配して取引に悪い影響がでそうですけど。

渋沢　たしかにそういう風潮があったけれども、時代の流れとともに変わっていくと思わないか？　ついこの前まで、お客さんは顔の見えない商売人からモノを買うのをためらっていたけど、今は一度も聞いたこともない会社から、ネットでモノを買ったりする。野口くんもそうだろう？

かつて、ネットに自分のクレジットカード情報を入力するなんて怖くてできないと言っていた人も、いまではアマゾンや楽天で何の躊躇もなく買い物をしています。

野口　だってネットで完結するから関係ないんですよ。

渋沢　シェアオフィスに比較されるものとして、従来からの賃貸借というか、自分が1人（または1社）でその部屋を利用する方法があるよね。会議室や受付スペース、そしてスタッフも全部自分で用意する昔ながらの方法だ。そういったオフィスでもあくまで賃借している部屋にすぎない。賃貸借契約を解除するのはわりと簡単なので、借主が悪い人ならお客さんを騙した挙句、お金を持ち逃げして行方をくらますこともできてしまう。そういった意味では、シェアオフィスも従来からの賃貸借も大差はないよね。

野口　シェアオフィスの中でも、個人的に使える空間はなく共有のスペースだけ使えるという形態はどうですか？

渋沢　お客さんから預かった書類などの保管場所がないし、お客さんのプライバシーにかかわる資料を共有のスペースで開くわけにもいかない。そう考えるとカフェに近いね。

野口　ノートパソコン1台でできる仕事は良さそうですね。

渋沢　ノートパソコンも覗かれるリスクはあるけど、ペーパーレスで稼げる仕事なら可能だし、自分が占有するスペースも確保しないですむので、固定費は月額1～2万円に抑えることができる。

●同業の仲間と一緒に部屋を借りる

渋沢　フリーランス仲間と一緒に大きめの部屋を借りる方法（ルームシェア）もあるね。

野口　一緒にですか？　仲間と会社を立ち上げるのですか？

渋沢　ちがうよ。みんなでオフィスを借りて賃料を出し合うけれども、各フリーランスは独立して仕事を受注している。

野口　そんなことできますか？　1つの部屋には1人のフリーランスというか、1つの会社だけだと思っていました。

渋沢　そんなことない。1つの物件を何人ものフリーランスや会社が使っていることはよくあることだ。大家さんとの賃貸借契約にもよるけど、許可があれば可能だ。

野口　イメージが湧きませんが……。

渋沢　フリーランス仲間で借りるケースだと、たとえば、元税務署長たちが退官後に税理士としてルームシェアすることがある。

3LDKを借りて、1部屋を面会室にして他の部屋に机を並べて仕事をしています。その物件は代々税務署を辞めた人が独立するときに使う部屋で、数年経つとメンバーは自然と入れ替わります。事業が軌道に乗ったのでより広い部屋に移ったり、自宅で開業でも問題ないと気付いて出て行ったり。

野口　郵便物は届くのですか？

渋沢　同じ部屋でポストは1つだけれども届く。配達人にルームシェアしている旨を伝えれば、表札がなくても各メンバーへの郵便物を届けてくれるので問題ない。しかもルームシェアであることは外から気付きにくいので、そういった抵抗感があるお客さんにも有効だ。

野口　たしかに、気付かないですね。中に入ってみて他の税理士がいても、そういう組織なんだと思って別に違和感はないですね。

渋沢　事務員を1人雇ってメンバーの仕事を少しずつやってもらうことで仕事の効率化を図れる。ある税理士が忙しかったら隣の税理士仲間に仕事を紹介することもできるし、逆にふってもらえることもある。また、自分の専門分野じゃない仕事が来たときにも、それに強い仲間がいればその人にやってもらうこともできる。仕事上の疑問をいつでもお互い相談しあえるので切磋琢磨できる。

野口　仕事は一緒にやるんですか？

渋沢　仕事は独立採算制なので、基本は一緒にはやらない。お客さんとトラブルになったときのために責任の所在を明確にしているんだ。

お客さんへの請求や入金口座も全く別です。オフィスの家賃やコピー機のリース代、電気、水道代などの固定費を人数で割って平等に負担するだけです。トイレなどの掃除はみんなで雇っているスタッフにやってもらいます。こうすれば単純に固定費は4分の1、5分の

1になるし、雑務をスタッフがやってくれるので仕事に集中できます。開業当初の仕事が無い時期を乗り越えるためにはとても有効な手です。弁護士事務所でもこういった形態をとっているところがあります。

野口　いいことずくめじゃないですか！　どこでそういう募集を探すんですか？　メンバーに空きがでないと入れないですよね。

渋沢　不動産屋で得られる情報ではないので、お誘いの声がかかるか、つまりフリーランスになる前から同僚や先輩と人間関係を築けているかによるな。

野口　偶然というか、運じゃないですか！

渋沢　運といってしまえば、そのとおり。でも偶然ではない。野口くんのいままでの仕事の質がどうだったのか、他の人にどのように接してきたのか、人のために動いてきたのか。そういった、野口くんの長年の行動の結果が目に見える形で表れるので偶然ではない。だから、いい流れを引き寄せられるかは過去の野口くん次第だ。

野口　ひえぇ！

渋沢　まぁ野口くん、そんなにいままでの行いが悪いとは言ってないよ（笑）。こうやって自分も時間を共有しているわけだし。

野口　そうでした！

渋沢　こういうフリーランス仲間でルームシェアするのは、自分が新規メンバーとして入る方法だけではないよ。野口くんの周りにいるフリーランス仲間を集めて新しく一緒に借りてスタートする方法もある。

野口　それならできますね！

渋沢　ただ、気を付けておかなければならないのが、それぞれのメンバーが実際に稼ぐ力を持っているかということ。さっきの税理士のルームシェアでは、メンバーが元税務署長であったりして、実力もあり顔も広いので成り立っている面がある。もし稼ぐ力が弱いメンバーが多ければ売上がたたず固定費の支払すら危うくなってしまう。つまり、野口くんがいろんな人に声をかけた結果、素人を集めただけの集団になってしまったら、長くはもたないというわけ。

メンバー全員の売上が増えているときはいいですが、メンバーごとに大きな差がついてくると、「売上の金額に応じて固定費を負担するべき」という意見が出てきたり、「あいつがいるからこっちの儲けが下がるんだ」など仲間内で揉めるケースもあります。

渋沢　だから、一緒に部屋を借りてやるときは、メンバーを選んだほうがいい。気の合うことはもちろんのこと、お互いに実力を認めている仲間を見つけることだ。ただ、メンバーで揉めても、出て行って別の場所を借りればいいだけなので、一度誰かと始めてみるのがいい。デメリットもあるけど、さっき言ったようにメリットも大きいからね。

野口　じゃあ渋沢先輩、一緒にやりましょうか？

渋沢　やだよ（笑）。

●自分でお金を貯めておく

渋沢　次に、収入の不安定さを減らす方法②の『自分でお金を貯めておく』について考えてみよう。

野口　事前に準備しておくお金は多ければ多いほどいいですか？

渋沢　準備したお金が多くても、商品が売れなければいつか消えてしまう。たとえば、サラリーマン時代に1000万円を貯めてからフリーランスになった人がいた。1000万円は1年で消えてしまって、事業を続けるお金も生活費もなくなったので、銀行から300万円借りて、それも半年で消えた。追加で200万円借りたけどそれも数か月で無くなって廃業した。残ったのは借金だけだった。

野口　売上がないと、いくら準備しても無駄なんですね。

渋沢　氷の大地に移住するようなもので、持っていける食料には限界がある。1000万円用意しても、3000万円用意しても、たとえ1億円用意しても売上を上げることができなければ、どのみちフリーランスを続けられない。

野口　それじゃ、もともとお金を持っている、裕福な家の息子や退職金がたくさんある人でも、フリーランスになるときに有利ではないということですか？

渋沢　お金をたくさん持っていることと、フリーランスとしてお金を生むことはイコールじゃない。たとえば、最初に大金を持っていれば固定費の高い、高級外車のディーラーやそういったお店を構えることができる。店舗やオフィスを豪華にしたり、雑誌や新聞に広告を打ったりすることは、お金を持っていればできる。けれども、それで利益を生めるかは別問題だ。

野口　お金があれば、失敗しても何度でもチャレンジできそうなので有利ですよね？

渋沢　お金を少しずつ使っていけばそうだろうね。でも、フリーランスを始めたばかりの人がお金を持っているとき、そういう人に商品やサービスを売りつけようと狙っているプロの業者はたくさんいるからね。たとえば、フランチャイズ経営の権利だったり、広告、不動産投資、教材ビジネスなどなど。

野口　なんか怪しいですね、違法なんですか？

渋沢　違法ではない。フリーランスをしている人、つまり商売をしている人同士の取引は原則自由なので、フリーランスをする人は自己責任でそういったフランチャイズ経営などを検討することになる。効果が見込めないものにお金を払ってしまえば、準備した数千万円もすぐに消えてしまう。

野口　難しいですね、お金をたくさん準備してもフリーランスとしての成功が保証されないなんて。

渋沢　フリーランスの商売は玉乗りのようなもので、動かすお金が数十万円から数百万円なら小さい玉、たとえば直径50センチメートルの玉に乗ってバランスを取るようなもので、落ちても足首のねんざぐらいですむ。これが、もともとお金を持っている人が最初から大きい玉、直径5メートルとかもっと大きくなれば直径50メートルの玉に乗ったら、バランスを崩して地面に叩きつけられるだろう。こうなると大けがを負うので再起不能になるかもしれない。

野口　どうすればいいんですかね。小さく始めることですか？

渋沢　小さく始めることはもちろんいいアイデアだね。そして、お金の『出』に気を付けること。フリーランスが住む世界、つまりプロの商売人の世界は、儲けるためには詐欺さえも当たり前の世界と考えること。食い物にならないようにすること。

野口　幸いボクにはそんな貯金はありませんよ（笑）。

渋沢　貯金が多いか少ないかで勝負が決まらない世界って、いい世界でしょう。お金だけあってもどうしようもない、っていうのは素敵だと思わないかい？　１００万円の利益を生めない人は１億円の利益も生めない。

野口　そう考えてみればそうですけど。何か極端な気もしますが。

渋沢　だから、フリーランスになる前、つまりサラリーマン時代に準備しておくべきものは何千万円という貯金じゃない。稼げる専門性や技術を身に付けておくことだ。

そんな修行時代には仕事が忙しすぎてお金は貯まっていく一方でしょうし、３００万円ぐらい貯めておけば、自宅で開業する商売なら半年から1年はもちます。

野口　ほら！　３００万円では半年か1年しかもたないじゃないですか。だからもっと準備しておく必要があるんですよ。

渋沢　仮に１０００万円準備しても、ただの延命なんじゃないか。お金がなくなるまでの期間がたとえば、半年後から1年後に、1年後から3年後に延びるだけだ。極寒の大地に食料を多めに持って行っても現地調達できなければいつか尽きる。

野口　そうしたら、また補給しますよ。

渋沢　生命保険や学資保険を解約したり、追加で借金して、また極寒の地に食料を運ぶのかい？

野口　仕方がないじゃないですか。

渋沢　食料つまり、魚を持っていくのではなく釣り竿を持っていくべきだ。

野口　現地で魚が釣れないことが分かったらどうなるんですか？

渋沢　戻ってくることになる。つまりサラリーマンからフリーランスになったけれども、とてもじゃないが生活するほど稼げないのでサラリーマンに戻る。そういう人のことを『脱サラ失敗』と周囲の人は言ったりするけど、私はそうは思わないな。自分がフリーランスでうまくいかないことが分かれば、サラリーマンで給料をもらえることのありがたみも強く感じるだろう。

サラリーマンが自分には合っている、と心から納得できるようになるので、脱サラ前より目の前の仕事を楽しめるかもしれません。また、フリーランスの気持ちも少しは分かるようになるので、会社経営者やフリーランスの人をお客さんにしたとき、提案の幅も広がる可能性があります。

野口　いい経験だったと。
渋沢　フリーランスがサラリーマンより偉いということもないし、サラリーマンがフリーランスより偉いということもない。だから、どっちを選んでもいいんだよ。
野口　なんか渋沢先輩は、ちょくちょくテキトーになりますね。
渋沢　テキトーに言ってるわけではないぜ。脱サラしてまたサラリーマンに戻って、バリバリ仕事をしている人。目を輝かせながら仕事をしているサラリーマンを何人も見てきているからね。
野口　たしかに、高校出てすぐ大学に行って授業を受けている人より、一回社会で働いてから数年遅れて大学生になった人のほうが目を輝かせて授業を受けているケースってありますよね。大学生活をよりエンジョイできたりして。
渋沢　野口くんは大学のときはホント楽しそうだったもんな。いまみたいに上司や会社の愚痴を言うタイプではなかったよね。
野口　若かったですからね。もう年なんですよ。
渋沢　若さとか年とか関係ないだろう。そんなに会社がイヤなら一度辞めて、フリーランスやって、自分の名前でお金を稼ぐ難しさを知って、またサラリーマンに戻ればいい。
野口　いまの会社を辞めて、またどこかに就職したら給料下がりますよ。

渋沢　フリーランスがうまくいかなかったことを想定して、いまの会社に戻ってこられるように根回しをしてから辞めるサラリーマンもいるけどね。もっともその人は仕事ができて、会社にとってもぜひ戻ってきて欲しいと思わせる人材だったからできたんだろうけど。
野口　そんな制度うちの会社にはないです。辞めたら戻ってこれませんよ。
渋沢　もし別の会社に勤めたとして、いまの会社よりも評価してくれてより多くの給料をもらえるかもしれないよ。逆に、再度就職して給料が下がるということは、野口くんの適正年収がいまの給料よりも低いということ。つまり『もらい過ぎ』なんだ。
野口　何てこと言うんですか！　いまの給料は安すぎなんですよ。貯金も何もできないのに、これより下がったら生きていけませんよ。
渋沢　じゃあ、いいじゃないか、もっと適正に野口くんの実力を見てくれる会社に移れば。
野口　だからそれだと、下がるんですよ。

お酒が回ってきたせいか、話もぐるぐる回ってきたので、次に進みましょう。

●銀行からお金を借りておく

野口　最後、収入の不安定さを減らす方法③の『銀行からお金を借りておく』はどうですか？

渋沢　いまの会社でサラリーマンをしながら軍資金が貯まるのを待つなんてじれったくてできない、というなら銀行からお金を借りてしまうのも有効だ。

野口　いくら借りましょうか？

渋沢　フリーランスを始める前にこんなことを考えるのは不謹慎だが、フリーランスをやめるときのことを考えよう。借金してフリーランスを始めたはいいがうまくいかなかったときには借金が残る。たとえば、全然売上が立たず1年後に廃業することになった。そのときの残債はいくらで、その借金をサラリーマンに戻れば何年で返済できるのかを計算しよう。

野口　ボクの額面の年収が440万円で、税金と社会保険を引いたあとの手残りが約350万円です。そこから自宅の家賃や水道光熱費、交際費や食費などでざっくり月20万円で、年間240万円、それなら年間100万円は返せそうです。3～4年で借金を返して元の身軽な状態に戻りたいとすると……300～400万円ですかね。

渋沢　野口くんにとってその金額が『いざとなったら無理せず返せる』借金だ。年収の440万円よりも金額が小さいし気が楽だ。またサラリーマンをやりながら返済しつつ修行をつめばいいし、その時間を再チャレンジのための充電期間と前向きにとらえればいい。

野口　300～400万円なら銀行から貸してもらえそうです。

渋沢　そのぐらいの金額なら、自宅でやる商売で半年から1年ぐらいもつだろうしね。フリーランスをやってみて軌道に乗るか乗らないか。乗らないならサラリーマンに戻る。最初からどういう状況になったら撤退すると決めておけば、家族からも賛成してもらえるだろうし。

野口　ずいぶん、スッキリしてきました。ところで、借金ではなく『出資』を受けるのはどうですか?

出資は、投資家から株などと引換えに、資金提供を受けることをいいます。野口くんが会社を作って他の人から出資を受ければ、野口くんはそのお金を使って商売ができます。銀行からの借入と違い、将来返済する必要がありません。その会社がうまくいかなくても野口くんは原則として出資者にお金を返す必要がないのです。

渋沢　300~400万円ぐらい自分で借りなよ。出資を受けると、野口くんの会社がうまくいかないときは出資者（投資家）が経営に口出ししてくるし、逆にうまくいって会社が大きくなったときは『上場しろ』とか『会社は株主、つまり私のためにある』とか言ってきてどちらも面倒くさいよ。自由のほうがいいぜ。

野口　フリーランス仲間に出資してもらって会社を作るのは、どうでしょうか。

渋沢　将来仲間割れしたときに、株を買い取れとかトラブルになる可能性がある。野口くんの会社は野口くんが株100％を持っていたほうがいいよ。ということで、出資よりも借入がいい。借入なら返しちゃえばいいわけだし。

野口　しかもまだ会社作ってないですしね。

渋沢　そうだった。とにかく従業員が50人になるまでは社長のレベルがその会社のレベルをまさに表すことになる。『独裁』と言われようが、トップダウンで社長が物事を決めていくほうがうまくいくし、小回りも効くよ。

野口　銀行から借入をするときに事業計画書を作るって聞いたのですが。

渋沢　そうだね。銀行内で稟議を通すために必要になる書類で、将来を予測したそれっぽい内容を作ることになる。将来予測は実際には当たらなくても構わない。

野口　それっぽい？

渋沢　銀行員は社会にでてからずっとサラリーマンをやってきた人だ。そのサラリーマンが、フリーランスというか個人事業主になろうとする人が作った事業計画書を見て、その商売がうまくいくかチェックする。でもフリーランスとして事業を軌道に乗せた経験のない人が、その事業がうまくいくかをチェックできるかといえば、それはかなり疑問だ。

野口　じゃあ、何を見ているんですか？

渋沢　資金を回収できるかどうかだ。出資ではなくて融資だからね。銀行は貸したお金が数十倍になって返ってくることなんてそもそも期待していない。将来性がよく分からない場合には野口くんの人柄とか誠実性を見て判断する。信用保証協会の保証をつけることで創業のための資金を貸しやすくなっているという面もあるよ。

●退職金をコインランドリーにつぎ込んだ人

渋沢　関東で大手企業に勤めていた北里さんは退職を機に、フリーランスとして何か商売をすることに決めた。手元には定年後の生活費として貯めてきた預金2000万円と退職金3000万円の合計5000万円があり、これを増やして老後の生活をよりゆとりのあるものにしたいと考えていた。

それを知った友人の津田さんは、北里さんに『九州でコインランドリーをやるとすごく儲かるらしい』と親切にアドバイスをして、ある不動産屋を紹介した。北里さんは津田さんの実直な人柄を信頼してこの商売にかけてみることを決め、その不動産屋からコインランドリーのための土地建物を購入した。

野口　コインランドリーって、手間がかからずチャリンチャリン儲かりそうですよね。

渋沢　そしてこの不動産屋は、『知り合いに腕のいい業者がいる。コインランドリー設備をすべて揃えてくれて、日々の管理もしてくれるので紹介しましょうか？』と北里さんに提案した。北里さんにはコインランドリー業者の知り合いは全くいない。北里さんは渡りに船の申し出に『本当に何から何までお世話して頂いてありがとうございます』と深く感謝したんだ。

野口　なんかいい話ですね。北里さん、コインランドリーについて素人だったからよかったんですね。

渋沢　その『腕のいい業者』が巨大な洗濯乾燥機を設置してくれた。そして、北里さんは代金を払い、実際にコインランドリー業が始まった。

野口　ついに始まりましたね！

渋沢　購入したのは田んぼの真ん中の土地で、コインランドリーにお客さんが入っても年間数百万円の大赤字になった。軌道に乗るまでの辛抱だと考えて、2、3年待ったけれどもお金を垂れ流す一方でいつまでたっても利益はでない。乾燥機は最新の機器を購入したはずだが故障が多くそのたびに稼働できず、売上は止まり修理費用もかさんだ。

ある日、乾燥機の取扱説明書を見ると紙が薄くコピーしたものだと気付いた。新品を買ったはずだったけれども、実は中古品を新品の価格で買わされていたんだ。

野口　ひどい！　ひどい業者ですね！　どうなったんですか？

渋沢　それから北里さんは、『自分はだまされた！』と言い、その業者を相手取って裁判を始めて、結局乾燥機についての弁償をしてもらえた。しかし、その裁判は2年半ほど続き、その間もコインランドリーの店は赤字を出し続けた。

野口　ソンしてばっかりですね。

渋沢　その後店を閉めたら、今度は別の業者から連絡があって、その乾燥機を安く買い取る、と言ってきたそうだ。北里さんはこれ以上騙されたくなかったので、即座に断った。当時北里さんは人間不信に陥り病院にも通っていたので、もうそのコインランドリーの店について考えたくなかったんだ。それから店は鍵をかけてずっとそのままにしてある。だけど今度は窓ガラスが割れていて危ない、と近所の人から連絡がきたらしい。

野口　踏んだり蹴ったりですね。

渋沢　北里さんの事業は５０００万円を投じたものだったけれども、５、６年やっても一度も利益をだすことができなかった。預金も退職金もほとんど使い切ってしまった。

野口　フリーランス失敗ですね。

渋沢　フリーランスで大事なのは、北里さんみたいに食い物にならないことだ。北里さんがフリーランスになるために準備した軍資金は、同時に他のフリーランスや業者にとって、金儲けの絶好のターゲットになる。フリーランスは商売道具をそろえるのにお金を使うので、誰かのお客さんという面もあるからだ。

野口　お金を増やそうとしたら逆に減るということですか。

渋沢　ほかにもＨＰ作成会社や広告代理店、リース業者など。開業初期に相手からアプローチがきた営業はまず無視して相手にしなくていい。しつこい営業なら、こちらの不快感を露わにしてはっきり断ることだ。今はネットで業者の評判や相場を調べることができるので、自分で業者を選んでこちらから問い合わせるような積極的な姿勢が大切だ。

●裁判というフロア

野口　怖いですね。誰からサービスを買えばいいのか分かりません。

渋沢　コインランドリーの例だと、友人の津田さんと不動産屋、その不動産屋とコインランドリー業者はお互いに紹介料を払って、お客さんをある種共有している仕事仲間なんだ。フリーランスは大企業と比べて知名度が低いのでお客さんと知り合う機会が少ない。そのため、1人のお客さんをみなで紹介しあうことがある。

　もちろんこの紹介が良い方向に転がることもあるけれども、今回の北里さんはお客さんというカモになってしまった。モメて最後は裁判まで行ってしまった。フリーランスとしては、良くない事態だ。

野口　裁判は良くないですか？　裁判の場で北里さんの正義を証明するのはいいことですよね？

渋沢　そもそも九州でコインランドリーを始めたのは、北里さんが退職金をもっと増やして老後を豊かに過ごすためだったよね。たしかに北里さんは中古の乾燥機を新品だと騙されて買ったのは事実だ。けれども、もし北里さんが事前に業者の評判を調べて自分でコンタクトをとり、安くはない乾燥機を自分の目でチェックをしていればトラブルに巻き込まれることはなかったはずだ。北里さんは怠ってそれをしなかったんだ。

野口　怠るって……北里さんが悪いみたいな言い方ですね。北里さんは、その業者から弁償はされたんですよね？

渋沢　中古品と新品の差額についての弁償はされたけれども、コインランドリー業そのものの赤字を弁償してもらったわけではない。コインランドリーを始めるかどうかの判断は北里さん自身の責任だからだ。

野口　でも裁判でシロクロ付けることができて良かったですよね。

渋沢　野口くんは裁判って裁判官とか偉い人たちに正しい判断を下してもらえる場と思っていないか？　自分の正しさを証明してもらうための『上のほう』の世界というイメージがあるかもしれない。たしかに刑事裁判などではそういう面もあるけれども、ことフリーランスや自分で商売する人にとっては、ケースバイケースだが『お互いの信頼関係が崩れた者同士が一緒に落ちた世界』ともいえるんだ。

つまり、イメージとしては信頼関係をもとに活発に商売をする人たちのフロアがあって、その階はみんなダンスを踊りいつも賑わっています。でも、床の木はところどころ腐って傷んでいます。ぼーっとしていてそこを踏んでしまうと下のフロア、つまり信頼関係ではなく法律で解決する『裁判のフロア』にダンスの相手と共に転がり落ちてしまいます。一度落ちるとなかなか抜け出せません。

でももっと下のフロアにはかつて腕力で解決するフロアがありましたし、『裁判のフロア』はそのフロアよりもはるかに優れているのは事実です。弁護士という強い味方もいますし。

野口　裁判って何年もかかるっていいますよね。

渋沢　裁判中のその数年間は精神的な痛手もあるしフリーランスの本業にも支障をきたす。最終的に勝ってお金は戻ってきたとしても、その『時間』は戻ってこない。当たり前に聞こえるかもしれない、けれども人の寿命は有限なのでこれは大事なことだ。シロクロはっきりさせるより、時間を失わないことのほうが大事なときがある。

現実社会にドラえもんのタイムマシンはないので、裁判で勝っても裁判を始める前の時点まで戻れません。

野口　サラリーマンならそんな裁判に巻き込まれることはないですよね。
渋沢　ほとんどないでしょう。裁判があっても会社が守ってくれるからね、顧問弁護士の報酬も会社が払うし……。フリーランスのように自腹で弁護士を雇うこともない。
野口　九州の儲け話を持ち込んで、そそのかした友人の津田さんもその知り合いの業者も詐欺じゃないですか？
渋沢　友人の津田さんが、九州でコインランドリーをやると儲かるらしい、といったのは詐欺ではないよ。土地建物の売買に関わった不動産屋も詐欺ではない。正常な商売だ。業務用の大型乾燥機を新品とウソをついて販売した業者は問題があるけどね。
野口　そんなもんですかね。
渋沢　たとえば、野口くんがコインランドリー業をやっていて、ある広告代理店からこう営業を受けた『この雑誌に広告を出せば売上は10倍に増えますよ。広告費は３００万円です』。実際に３００万円かけて広告を出したけれども売上は10倍にならなかった。広告代理店に問い詰めたら『広告はちゃんと雑誌に載りましたよね。商品に魅力がなかったのが原因じゃないですか？』と言われる。
野口　裁判しますか！
渋沢　裁判で解決するのではなくその前に予防しよう。一般社会では『詐欺にあった』という言葉が広く使われているけど、裁判所が認めてくれる範囲はもっと狭い。広告は効果を測定するのが難しいのでフリーランスを始めたばかりの人がやってはダメなんだ。

他にも、ある業者から投資のノウハウなど『情報商材』の購入を持ち掛けられて、価値の低い商材を高額で買わされるトラブルが起きているみたいだよ。『商品を仕入れてすぐに月収数十万円』とか『ネットで転売すれば儲かる』とかね。騙されたと気付いたときには、もう業者は雲隠れしていて連絡がつかないんだ。

野口　こういう勧誘のサイトとか動画をボクも見たことがあります。誰でも簡単にすぐ儲かるって書いてありますね。怪しいと思っていました。

渋沢　フリーランスの世界にはこういう罠がたくさん仕掛けられているので気を付けよう。

●お客様は神様なのか？

渋沢　いままではフリーランスになったときに払うお金について取り上げてきたけど、次は野口くんがお客さんからお金をもらうときのことを考えてみよう。

野口　冒頭で渋沢先輩も詐欺だと言われてましたね（笑）。

渋沢　言われてないっ！　契約前だったし、その人は厳密にはお客さんにもなっていない。しかも文句を私ではなく紹介者に言ってきたので、契約してもその紹介者を通じたコミュニケーションが続いただろう。お互いに信頼関係を築けたかどうか疑問だ。そういう性質を早めに分かってよかった。こういうタイプの人とは契約しないでお互いに正解だったんだ。

野口　『お客様は神様です』って聞いたことがありますけど。

渋沢　それはある意味正しいけれどもある意味間違っている。お客さんが商品やサービスを買ってくれないと商売は成り立たないし、商品を仕入れることもできない。そういう金銭的な意味で、お客さんがフリーランスの生殺与奪の権利を握っているのはたしかだ。だから神様という表現になる。お客さんに喜んでもらってしかもお金ももらえたら、こっちも嬉しいしそういうときは『お客様は神様』と感じることがある。

野口　だからお客さんのいうことは全部きくべきです。

渋沢　でもやり過ぎると今度はお客さんに食い物にされる。たとえば、野口くんがフリーランスのデザイナーで、お客さんが納品物に対してこう言ってきた。

お客さん　デザインのこの部分が気に入らないので、新しいバージョンで作ってくれませんか。あっ、最初のバージョンもこっちでもらっておきます。新しいバージョンはすぐ提出してください。お金はもちろん最初の分だけですよ。

お客さん　2回目の作品も気に入りません。こっちはすでにお金を払っている、お客なんだからしばらく無料でデザインを作ってくれないかな。迷惑をかけたのだから、そのぐらいするのは当然ですよね？

野口　口は悪くないけど、クレーマーじゃないですか！

渋沢　本人はクレーマーと自覚していないけれども、やっていることはクレーマーという人がいる。野口くんが『お客様は神様です』というなら、この人の言うことも聞き続けるのかい？

野口　聞いていたら、やばいですよ。こっちが潰れてしまいます。

渋沢　だから、お客さんの中には神様のような人もいるけれども、そうでない人もいるということだよ。『お客様は神様です』というのは、会社の経営者がそこで働くサラリーマンに対して教育のために使う言葉だ。たとえば、その会社の商品の品質が良かったり流行っていたりすると、店頭のスタッフが不愛想でも商品が飛ぶように売れるという現象が起こる。

それに反比例して、スタッフの接客態度やサービスの質は落ちていって、次第に商品が売れなくなってしまう。その悪循環を防ぐために、経営者はスタッフに『お客様は神様です』と教育するんだ。

野口　味は美味しいけど、スタッフの態度が残念な店もありますよね。

渋沢　お客さんのクレームの中には、商品やサービスを改善するためのヒントが混ざっているのも事実だけど、『神様』という表現は言い過ぎだ。フリーランスは基本一人でお客さんとやり取りするので、お客さんからのクレームもダイレクトに受けてしまう。サラリーマンのときのように愚痴る同僚もいないので、ストレスも発散できない。

野口　溜まりそうですね。

渋沢　フリーランスとしてお客さんと対峙するときは、同じ価値のものを物々交換するという等価交換の原則を思い出したほうがいい。野口くんもお客さんも対等の立場だ。もちろん親切丁寧に接するべきだが、コミュニケーションが取れないと強く感じる人、危険な匂いを発する人には、動物的嗅覚を働かせて最初からお客さんにしないに限る。お金を受け取ってはダメだ。

野口　なんですか、その嗅覚？

渋沢　フリーランスでお金をもらうときは、お客さんとうまい距離感を保つのが大事なんだ。仕事には、客の手離れのいい仕事と悪い仕事がある。手離れの悪い仕事は、同じ報酬で何か月も下手したら何年もダラダラと仕事をさせられて、その間他の仕事を受けることができなくなる。だから、最初にお客さんと『仕事の内容はどこからどこまでで、期間はいつまで』

と明確に定めることが重要だ。

野口　成果物がどんなものかにもよりますね。中古の本をネットで売る商売なら、商品を送って、ひとまず仕事は果たしたことになります。デザインとかコンサルティングだと、ダラダラ続きそうです。

渋沢　ダラダラ続かないために、フリーランスは最初にちゃんと契約書をお客さんと交わしておくことが大切なんだ。『追加のサービスを無料でやってくれ』とお客さんから頼まれても、『契約書に書いていないのでごめんない、できません』と断ることもできるし、『別契約でやりますよ。すぐ新しい契約書を作りますね』といって、追加でお金を取ることもできる。口約束でも契約は有効だけれども、後で揉めないために書面にしておこう。

フリーランスは立場が弱くトラブルになっても泣き寝入りするケースがあります。口約束が横行していて契約書を作っていない場合には、契約を突然打ち切られたとしてもそれを証明するのが難しいのです。

野口　契約書って大事ですね。

渋沢　契約書はお客さんとのケジメなので、最初に必ずお客さんに署名と押印をしてもらうことだ。契約書に判を押す前にお客さんからお金をもらってはだめだ。お金はのどから手が出るほど欲しくなるだろうけど、そこはぐっと堪えてちゃんとステップを踏んでから仕事にとりかかろう。

野口　そもそもお客さんとの契約書って、誰が作るのですか？

渋沢　野口くんが作ってもお客さんが作ってもいいけれども、仕事を受注する野口くんが作るべきだ、というか野口くんが作ったほうがいい。契約書の条文は作った人に有利にできているから。別の言い方をすれば、契約書を作るときに野口くんに有利な内容を盛り込むことができる。

野口　有利な内容って何ですか？　そもそも契約書の作り方が分かりませんよ。契約書って弁護士とか資格を持っている人が作るもんじゃないですか？

渋沢　契約書は当事者だけで作ることができるし、弁護士などの法律家に作成を依頼することもできる。

●契約書はこうやって作ろう

野口　弁護士に頼むと言っても、そんなお金ないですよ。

渋沢　じゃあ自分で作ろう。サラリーマン時代に稼げる専門性や技術を身に付けておくべき、という話はしたね。会社がどんな契約書を使っているのかチラッと、いやジックリと見ておこう。

サラリーマンとして勤務しているときに、会社がお客さんと結んでいる契約書にはどんなことが書いてあるか、確認してみましょう。大きな組織で契約書を扱う部署が別の建物に入っていたりすると見ることができないかもしれませんが、機会があればよく読んでみることが大切です。

お客さんとどんな契約を結んでいるのか、着手金はいつもらうのか、残金請求はどうするのか、自動引き落としなのか、お客さんがキャンセルした場合には着手金はどうなるのか、業務が完了するのはいつなのか、などノウハウが詰まっています。また、約款は送っているのか、領収書はどのように発行しているのかも確認してみましょう。

渋沢　野口くんが契約書を手にいれてそこに書かれている条文をみても、すぐには理解できないはずだ。法律用語だらけだからね。そこには、会社が過去の取引の中で磨き上げてきたエッセンス、つまりお客さんとの契約を有利にすすめる工夫や、トラブルを避けるための工夫が詰まっている。

野口　条文とか読んでも分からないですよ。
渋沢　それでいいんだ。とにかく、フリーランスになったらその契約書の文章を思い出して野口くんの契約書に落とし込むんだ。そして作った契約書にお客さんに署名押印してもらって、すぐに商売をはじめよう。見切り発車で構わない。フリーランスでやっている人で契約書の文言の意味を完全に理解している人は多くないし、お客さんに細かいことを聞かれたらそのとき弁護士に聞けばいいかと開き直っている人もいる。
野口　それならなんとかボクにも作れそうです。

前の職場で使っていた契約書を参考にして自分で作ってみる。お客さんとの取引を通じて、その条文がある意味が後から分かってきます。
次第に、条文をこういうふうにアレンジしたいという希望が出てきます。その時は、弁護士の先生に相談をして、ちゃんとお金を払ってアドバイスをもらえばよいのです。

●商品やサービスの価格はどうするか？

渋沢　野口くんが売る商品やサービスの価格について考えよう。価格を決める行為はまさに経営者というかフリーランスの仕事の中で一番難しくて悩ましいポイントだ。サラリーマンの仕事の中では価格はすでに会社の上層部が決めているので自分は考えずにすむことが多いだろう。

野口　そりゃ価格は安いほうがいいですよね。

渋沢　価格が安いと、儲けが小さくなる。仕事が忙しいわりに儲けがでない状況になる。まさに貧乏暇なしといった状況だ。

野口　でも高くすると売れないですよね。

渋沢　高いから売れないわけではなく、お客さんはその『価格』よりも、野口くんの商品やサービスの『価値』が低いと判断したから買わなかったんだ。お客さんは、無意識に商品やサービスの『価格』とその『価値』を比較している。

野口　自分が買い物をするときも、新商品とか新しいサービスのときは買うか買わないかよく考えますね。

渋沢　いつも買っているものだと相場が分かるので、買うのに心理的なハードルが下がる。でもいままで買ったことがないものは騙されるんじゃないかと心配して、じっくり考えるよね。

野口　お客さんがどういうものに価値を見出すか知ることができれば、価格を上げても売れそうですね。

渋沢　問題は、そういったお客さんの価値の置き方を目で見ることができないということ。あるサービスを付け加えれば1000円価格を高くしてもお客さんが買ってくれると事前に分かっていれば簡単だけれども、そうはいかない。去っていったお客さんはその理由をわざわざ教えてはくれない。

野口　そりゃそうですよ。わざわざ店の人に言わないですよ。

お客さんが野口くんから商品を買わない理由は、他にもあります。『いつも決まった商品を買っているから、別の商品を検討するのが面倒だ』『いまはいらない』『イメージがちょっとなぁ』『売る側の態度があんまり』『野口くんの商品やサービスを知らない』など、いろいろです。

野口　経済学では需要曲線と供給曲線が交わるところで価格が決まりますよね。

渋沢　野口くんがフリーランスとしてスタートを切って、あと半年か1年で手元のお金がなくなる状況では、いろんな価格を試してお客さんの反応を窺っている時間はない。だから需要曲線がどこにあってなんて探っている間にタイムオーバーになってしまう。

野口　早くお金が欲しいです。でもなるべく高く売りたいです。

渋沢　フリーランスになってすぐは、集客もままならないので契約してくれるお客さんと知り合う回数も少ない。少ないチャンスをものにしなくてはいけないので……。

野口　相場で売るってことですかね。

渋沢　相場がある程度固まっている商品なら、相場か、それよりちょっと安い金額にする。

野口　ちょっと、というとどれぐらいですか？

渋沢　たとえば5～10％程度。お客さんもその価格が妥当かどうかを考えずにすむし、ひとまず安心だ。新人フリーランスの野口くんから商品を買いやすくなる。もしさらに値下げを要求するお客がいたら、それはお客さんじゃないと考えてはっきり断っていい。

野口　先輩、言いますね！

渋沢　既存の商品の相場は社会全体の需要量と供給量、そして制度の規制や情報の偏在など、いろいろな条件が複雑に絡み合って決まっているんだ。だから野口くんは相場がそもそも妥当かどうかなんて深く考えてはいけない。フリーランスになったばかりの野口くん一人の力ではどうしようもないので割り切ろう。

そして、お客さんが来ないからと言って、価格を下げるか悩んではダメだ。価格は下げずに商品やサービスの質を高めるにはどうすればいいか、メリットをお客さんに伝えるにはどうすればいいか頭を使ったほうがいい。

野口　スタートアップ企業が世に送り出すような全く新しい商品やサービスだと、相場とかないですよね。

渋沢　どのくらいの価値があるものか分からないから、お客さんは厳しく価格と価値のバランスをチェックする。うまくいけば社会を前進させるサービスになって、急激に会社の規模も大きくなる。

全く新しい商品やサービスは、当たれば大きいですが当たらないときのリスクも大きくなります。それを見越して、ＶＣ（ベンチャーキャピタル）などの投資家は各社に何億円も出資して、将来の大きなリターンを狙います。出資した20社のうち1社が当たって大きく成長し、他の19社はつぶれても全体で見れば利益が上がるという算段です。

渋沢　でも、新しいサービスを最初から売り物にするのは相当難易度が高いゲームだ。だから勧めない。後輩の野口くんが失敗して、金の亡者のような人たちに囲まれるのを見たくないんだ。野口くん以外の誰かが代わりに成功するならそれでいいとは思わない。

野口　（うるっ）先輩、優しいですね！

渋沢　野口くんは年間７００万円ぐらいの売上になればいいので、そんな大きいリスクを抱える必要はないよ。

野口　何億円とかいきなり背負うのは重いです。

渋沢　フリーランスになる人は、そういったスタートアップ企業とは一線を引いて、まずは世の中にすでにあるものを売ることで売上をかき集めるべきだ。大儲けはできないだろうけれども、最初はそれでいい。商売をうまく回して自分の生活費を稼げるようになること。サラリーマンに戻るという事態を避けること。まずはこれが当面の目標だ。そして、2～3年やって商売が軌道に乗ってきたら、まだ誰も見たことがない新サービスの開発に着手すればいい。

●その商売は成り立つのか?

野口　価格設定で教えてもらいたいのですが、相場よりちょっと安く売ってみたら、実際には商売が成り立たなかったということはありますか?

渋沢　成り立たない商売もあるね。たとえば、野口くんがいま勤めている会社はものすごい量の商品を仕入れることで、1つ当たりの原価を低く抑えることができているケース。野口くんがフリーランスになって同じことをしようと思っても、仕入れる量が少なくて1つ当たりの原価を下げることができない。こんなとき、その会社と同じ金額かまたは安く売ると、利益がでないどころか赤字になる。

野口　どうするんですか？

渋沢　赤字になるのが分かっているなら、最初から手を出さないことだ。それでももし売るのなら、会社が進出していない地域で売ったり、時間帯や見せ方を工夫したりして付加価値をつけていく。

野口　それで売れなかったら、どうするんですか？

渋沢　試行錯誤して資金が底をつくまでに方法を見つけよう。それで野口くんがフリーランスとして食べていけるかどうかが決まる。

野口　分からないです。会社を辞めてフリーランスになるんですよ、もっと教えてください。それでうまくいかせるためにはどうすればいいんですか？

渋沢　私は野口くんの業界の人間ではない。その業界に詳しくないし、野口くんのほうが商品や商慣習について詳しい。フリーランスはすべての業種で成り立つわけではないんだ。また、フリーランスになったすべての人が食べていけるわけでもない。

野口　えっ、じゃぁ会社を辞めてフリーランスになっても、自分でやってみたらその商売が成り立たなかったと後から気付くってことですか？　それって遅いし、酷すぎないですか？

渋沢　そんなことはよくある。フリーランスが既存の商品を売ろうとすれば、ぎゅうぎゅうの満員電車の中にさらに押し入るようなものだ。新参者の野口くんは邪魔者扱いされたり、無視される。そこからスタートするんだ。すでに同じ商品を他の人も売っているので、別に野口くんが売らなくても世の中の人は全然困らない。

野口　それ、きついですよ！

渋沢　フリーランスになる前に、いけそうだ、という感覚だけではなく、収支の予測をしてフリーランスの生活が成り立つのか数字で出してみよう。何年後にサラリーマンのときの生活水準に戻るのか見通しをたてる。実際にはその見通しを下回ることはよくある。だけど、そんな頼りない収支予測でも作らないよりましだ。

　収支が成り立つか成り立たないのか計算もせず、とにかく自らのロマンのためにお店を作って、貧困生活に突っ込んでいくフリーランスの人は、どの業界にもいます。

野口　見通しがたつか……。

渋沢　でも、『ある程度』でいいだろう。精密には予測できないし、予測しようとしていると怖くなってきていつまでもフリーランスの世界にジャンプできない。大海原にボート一つで漕ぎ出すのと同じで、ダメならダメでいいと開き直れる人が強い。

野口　開き直るとかいって、それアドバイスですか？

渋沢　仕方ないだろう。

野口　ちゃんと『儲かる商売』かどうか、『成り立つ商売』かどうか、フリーランスになる前に知っておきたいんですよ。教えてください。

渋沢　それは野口くんが自分で判断することであって、誰かに教えてもらうことじゃない。野口くんみたいな、他人の判断に身を任せるタイプだと簡単に穴に落ちちゃうよ。たとえば、有名なコンビニエンスストアのフランチャイズオーナーになったけど、全然儲からず体を壊してしまい、店を閉じて借金だけ残るケースとか。

　もっとはっきり言うと、世の中の人は、サラリーマンとしてすでに社会に貢献している野口くんがフリーランスになることなど1ミリも望んでいない。1ミリも。でもそれに抗うんだよ野口くん！

野口　ひえぇぇ！

●うちの店の商品よりも他の店のほうが安くて質がいい

野口　たとえば古本をネットで売るとき、自分の店の本と同じものが他の店でより『よい品質』でしかも『安く』売っているとします。それなのに、お客さんは自分の店でその本を買ってくれました。

渋沢　よかったじゃないか。

野口　でも、そのお客さんのことを考えたら、本当は他の店で買ったほうがいいですよね？　よりよい品質のものを安く買えるのですから。

渋沢　どういうこと？

野口　お客さんのために商売をやりますとか言いながら、ボクがそういうものを売りつけているのはまずいような気がします。お客さんを騙していることにならないですか？

渋沢　そういう倫理的な疑問か。まず、野口くんから買ったお客さんは『品質』と『値段』だけでは判断していないのかもしれない。もっと安い金額を提示している他社と過去に取引したことがあって、商品が傷ついていたのでもう二度と取引したくない、と考えているかもしれない。あとは、『安いものは危ないので買わない』とか『大手は嫌い』という価値観かも。または、注文後すぐに発送してくれるという安心感が野口くんの店にはあったのかもしれない。

野口　たまたまうちの商品が目に留まっただけかもしれないですよ。

渋沢　いいんだよ、それでも。商品を選ぶのはお客さんの仕事なんだから。野口くんは政府でもなければ神様でもないので、そんなことに罪悪感を覚える必要はないよ。

野口　そうですかね。

渋沢　お客さんは自分の好きなものを好きな店から買う。お客さんの権利でもあるし義務でもある。だから、仮に他の店の商品を調べる努力をせず、受け身でぼーっとしているお客さんがいたとして、野口くんの店の粗悪品を買っても問題じゃない（笑）。

この社会で採用されている資本主義なんてまだまだ不完全なんだ。詐欺っぽい要素と儲けがコインの表裏のように一緒になっていて、将来新しい制度が生れる可能性もあるけど、現状ではどうしようもない。そこに迷いがあってはいけない。

野口　粗悪品って何ですか！　たしかに、ボクがモノを買うときでも、後からこっちを買っておけばよかった、ということがよくありますからね。だからと言って、返品したり返金を求めたりはしないですよ。よく見ずに買ったのは自分ですから。

渋沢　今回は野口くんから買ったお客さんがたまたまいたけど、他のお客さんは賢いのでよく調べてから他の店の商品を買うだろう。だから、長期的には野口くんの店が潰れることでうまく調整される。めでたしめでたし。それでいいんだ。

野口　なんか、いいのか悪いのか分からなくなってきました。そもそも、フリーランスになって自分の商品を売るときに、『この商品は世の中で1番いいものです』とは言い切れないですよね？　むしろ、最初から1番になんてなれないですよね。だから、フリーランスになってもうちの商品を買ってもらえず、やっていけない気がします。

渋沢　極端だな。同僚や同業者と自分を見比べて1番にならないとフリーランスとしてやっていけないなんて、そんな日は永久に来ないぞ。だいたい『1番』って誰が決めるんだ？　学校のテストじゃないんだぞ。品質？　品質って何だ？

野口　たしかに、同業者と品質を比べるといっても簡単じゃないですよね。

渋沢　古本の品質なら比べることができるかもしれないけど、デザインとかコンサルとかそういったサービスは、品質を比較して1番から並べるなんてできっこない。全員に同じ仕事を依頼して比べてみた人なんていないだろうから。

野口　いろんな要素がありますしね。

渋沢　たとえば、野口くんの友人も恋人も、野口くんと他の人全員を比べてからお付き合いを始めるわけではない。野口くんがテストで1番だから付き合っているなら、かなり打算的だ（笑）。私も野口くんとはたまたま学生時代の先輩後輩なのでいまこうして話をしている。そういうもんだ。お客さんも同じで、野口くんの店をたまたま知ってお付き合いが始まる。

野口　たしかに、そうですね。

渋沢　いまの会社でぱっとしなくても、フリーランスで活躍できる可能性はある。逆に社内でエースであったとしても、フリーランスでうまくいくとは限らない。ルールが違うからね。どっちか自分に合う世界を選べばいい。

野口　会社の中で『フリーランスとして独立する』というと、同僚から『あの人は仕事ができるから』と言われたりします。『自分より仕事ができないくせに独立なんて大丈夫か。絶対失敗するに違いない』と意地悪な見方をされることもあります。

渋沢　サラリーマンとして生きてきてこれからもずっと会社にいる人に、フリーランスの世界を理解させるのは難しい。でもそれでいいじゃないか。会社を辞めたら会う機会もなくなるし、言いたい人には言わせておこう。お互いいつか忘れるさ。

野口　あの上司まだ会社にしがみついているのか、十年一日（同じ状態がずっと続いて進歩や発展がないさま）だな、と笑い飛ばしますよ。

渋沢　その上司も野口くんのこと『あいつまだ痩せガエルでフリーランスやってんのか』と思っているかもしれないけどね（笑）。

●儲けていいのか？

野口　お客さんが商品やサービスを買ってくれるから、ボクがフリーランスとして生きていける、という話がありましたよね。

渋沢　言ったよ。お客さんが大事だ。

野口　お客さんの笑顔を考えると、価格ってぎりぎりまで下げるべきですよね？　価格から原価を引いたものが利益というか『儲け』なら、あんまり『儲け』ちゃいけない気がします。

渋沢　また倫理の時間か。野口くんは心優しいというか、真面目というか育ちがいいというか。
でもフリーランスになりたい、そんな野口くんにだから言うけど……。
野口　なっ、何ですか？
渋沢　いいんだよ儲けて。儲けていいんだ！　野口くん、儲けるんだ！
野口　どうしたんですか！　スイッチが入りましたね。
渋沢　儲けがないと、商品を仕入れることができないし、売るための設備も買えなくなるし、
家賃も支払えないし、人を雇っていたらその人の給料も払えなくなる。野口くんの生活費も
賄えない。そうすれば、野口くんのフリーランス生活は半年か1年で終わりを迎える。
野口　それは嫌ですね。
渋沢　２０２０年のコロナショックのような経済危機が起きたときのために、儲けを貯めてお
かないと、客足が減って野口くんの店はすぐに閉めることになる。経済危機は大げさだとし
てもフリーランスは収入が不安定なので、儲けがないとすぐに立ち行かなくなる。
野口　儲けを貯めておくって、お金を貯めておくってことですよね。
渋沢　日頃の商売で利益（儲け）を出して、そのお金をすぐに使わず貯めておく。そうすれば、
野口くんはフリーランスを続けることができる。
野口　いつお金を使うんですか？　お金をもっと使いたい、いまの給料では足りないからフ

リーランスをしたいと思ったのですが。

渋沢　お金をぱーっと使って、南の島で高級なホテルに泊まって美味しいものを食べて、クルーザーに乗って豪遊したいのならフリーランスは向かないかもしれないね。儲かって手元にお金がたくさん入ってきても、収入が不安定なので将来必ずまた訪れる危機のためにある程度貯めておかなければいけない。

野口　儲かっても使えないんじゃ、フリーランスで儲ける意味ありますか？

渋沢　お金持ちってお金を使わないから『お金持ち』、いい悪いは抜きにして割とそういうものなんだよ。儲かったお金をどんどん使っていったらお金持ちにはなれない。

野口　お金をたくさん持っていても使えないのなら、持っていないのと同じじゃないですか？

渋沢　将来何かあったときの備えがあるか、という点では違うよ。

野口　サラリーマンをしていて将来も給料をもらえる保障があるボクと、フリーランスをしていてお金を貯めておくことで将来の保障にしている人。どちらもあまり変わらない気がします。

渋沢　変わらないかもね。その意味でサラリーマンのほうがお金を気兼ねなくぱーっと使えるし、逆にフリーランスの人は常にケチケチしているかもしれない。

野口　月末にまた給料が入ると思えば、使っちゃいますよ。

渋沢　わざわざサラリーマンからフリーランスになるのって、お金というよりも自由になるためかもしれない。

フリーランスの中には、自分が思い描く仕事像やワークライフバランスを実現するためにやっているのであって、お金がたくさんほしいからやっているわけではない、という人もいます。たとえば、自分の作った料理でお客さんを喜ばせたい、お金は生活できるぐらいあればいいという価値観の飲食店の店主もいます。

野口　儲けは、そういう自由な生活を続けるためにあるっていうことですね。

渋沢　フリーランスの野口くんがお客さんに商品やサービスを売るときに、『値段はいくらで、原価はいくらで、儲けはいくらです。儲けといっても悪く思わないでくださいよ。家賃や人件費、そして私の生活費、収入の不安定さや将来の危機に備えるためにもらっているものですので、ご理解ください』と言っても、理解できるお客さんは少ないだろうね。

野口　お店でそんなこと言われても口ぽかんですよ。居酒屋でビールを頼んだら、『ビール1杯値段は580円で、原価は数十円です。その差が儲けですけど、私の生活費もありますし……』と説明されても、『じゃあ、ビール1杯100円にしろ』と言いたくなります。

渋沢　だから、お客さんには分からないんだよ。説明しても伝わらないし伝えなくていい。儲けが大きいからといって、罪悪感を覚えなくていいんだ。

野口　儲けって必要なものだったんですね。

渋沢　野口くんがフリーランスになって儲けたときは、豪遊して使ってしまうのもいい。けれども、その儲けで野口くんの商品やサービスを改良したり、全く新しいものを生み出すために使えば、お客さんはもっと喜ぶ。野口くんのファンになって野口くんのお店をもっと応援したくなる。そうすればお店はますます繁盛して儲かる。そうやってお客さんにとっても野口くんにとってもいい循環に入ることができる。

野口　最初に儲けることを否定してしまったら、そういう循環にも入れませんね。

渋沢　本来、よりよい商品やサービスを社会に提供するために、フリーランスや企業っていうものがある。だから儲けていいんだ。

野口　腑に落ちました。これからフリーランスで儲けますよ（笑）。

その四　起承転結の結

●個人事業主でやるか、法人でやるか？

野口　フリーランスを個人事業主でやるのと法人（株式会社）でやるのは、どっちがいいですか？

渋沢　業種と売上がどのくらいの規模かによる。世の中にあるフリーランスは業種によってどうして個人事業主が多いのか、または株式会社が多いのかを見ていくことで理解が深まるはずだ。では、1つずつ見ていこう。

野口　はいっ！

渋沢　業種についてだけれども、たとえば弁護士とか税理士などの資格業をやるのならば、法人よりも個人がいい。法人は設立したり維持するのにコストがかかるので、個人でいい。こういう業種は『独占業務』といって、その資格を持っていないとできない種類の仕事をしている。資格は法人ではなく個人に紐づいているので、個人でフリーランスをスタートする形で十分だ。株式会社より資格のほうが信用力があるからね。

野口　なるほど！　個人でやっている先生がたくさんいますよね。

渋沢　開業から20年経っても、個人事務所の先生がいるのはそのせいだ。ちなみに弁護士法人や税理士法人という組織もある。これは専門家1人ではできないような規模の大きな仕事を長期間安定して請け負うためにあるけど、それはゆくゆく検討すればいい。

野口　ＦＰ（ファイナンシャルプランナー）とかどうですか？

渋沢　ＦＰのような独占業務のない資格であったり、業務をするのに資格が必要であったとしてもすでに多くの人が持っている資格、たとえば宅建士資格などは法人のほうがいい。株式会社にすることで信用力を高めることができるからだ。

野口　デザイナーやライターはどうですか？

渋沢　個人事業主でやっている人もいるけれども法人のほうがいい。個人だと名刺交換した相手に、今日初めて名刺に『ライター』って書いてきたんじゃないか、と思われる。誰でもいつでも名乗れるから、お客さんも『この人ちゃんとやるんだろうか』と心配になる。

野口　古本のネット販売ならどうですか？

渋沢　こちらも法人のほうがいい。お客さんからの信用を得やすいのはどちらかと言えば、個人事業主よりも法人だからだ。

お客さんとの間で金銭トラブルになったときに、個人事業主なら金額の上限なく無限に責任を負う。他方、法人なら代表者で株式を１００％持っている野口くんは資本金の範囲内でしか責任を負わない。損害を賠償しろと要求してくるお客さんと野口くんとの間に、法人というクッションを1枚設けることで衝撃を和らげることができる。

この場合でも、法人の代表者として一定の落ち度がある場合には責任を追及されます。銀行はこういった状況を見越して、法人に融資するときは代表者を連帯保証人にしています。万が一の時に、代表者個人からダイレクトに資金を回収できるようにするためです。

それでも商店街の八百屋さんや床屋さんなどは個人事業主でやっている場合があります。これは長年個人事業でやってきて屋号（個人事業主が使う商売上の名のこと。○○屋など）に信用力があるため、いまさら株式会社にするメリットを感じられないからです。株式会社にするのは設立の費用もかかるし、許認可の取り直し、ハンコや銀行口座を変更する手続きが面倒くさいからといった事情もあります。

野口　株式会社を作るのにはお金がかかりますよね。

渋沢　作るのにも毎年維持するのにもお金がかかる。個人でフリーランスを始める場合には、家に転がっているハンコを1つ持って税務署に行けばすぐに開業届を出すことができる。他にも青色申告の書類などにもハンコを押すよう税務署員さんが丁寧に教えてくれて、これで完了だ。費用はかからない。

他方、株式会社を作るには司法書士への報酬も含めて30万円ほどかかる。だからといって、もっと安く（15万円ほど）作れる合同会社を選んでしまうと、あとでお客さんから『なぜ合同会社？　株式会社を作るお金30万円も手元にないのか？』と思われてしまう。後で合同会社を株式会社に変更するにもお金と時間がかかるので、最初から株式会社を作るほうが得策だ。

野口　合同会社って作る人いるんですか？

渋沢　最近は増えてきているね。不動産投資をやっている人は、物件を持っていることが信用になっていて株式会社にするメリットが薄いので、コストが少しでも安い合同会社を選ぶことがある。それから、Ａｍａｚｏｎ、Ｇｏｏｇｌｅ、Ａｐｐｌｅの日本法人も合同会社だ。西友（ウォルマート）もそう。どれも株式会社にして信用を得る必要がないくらい世界的に有名だよね。信用以外の別の理由がありそうだね。

野口　そんな別世界の話はいいですよ。とりあえず、フリーランスは合同会社より株式会社を選ぶのが無難ですね。株式会社を作った後の維持費はどのくらいかかりますか？

渋沢　フリーランスを個人事業主でやるなら、お金がない当面の間は自分で確定申告書を書いて税務署に出せばいい。分からないところは、各税務署が確定申告シーズンに無料相談会を大々的にやっているのでそこで質問すればいい。そんなに難しくないし頑張れば自分で作れるから税理士費用はかからない。

他方、法人の場合は年1回決算日から2か月以内に申告をするのだけれど、書類間の金額の飛び方が独特で専門用語も難しい。税務署に聞きにいっても、必要な書類が不足していて何度も通うことになるか、または『税理士の先生に依頼してください』と突き返されてしまう。そのため税理士にやってもらうことになる。始めたばかりの小さい会社だと、年間の税理士費用が30万円ぐらい、それに加えて赤字でも税金（法人住民税）7万円がかかる。多めに合計40万円を見積もっておこう。

野口　年間40万円ですか、結構高いですね。

渋沢　売上が立ちはじめたら、40万円を払えるようになるけれども、たしかにフリーランスになったばかりで設立に30万円と維持費で毎年40万円はきついね。

野口　もしもですが、フリーランスがうまく行かず店を畳むときはどうなるんですか?

渋沢　お!　野口くん、いい質問だね。フリーランスを始める前からダメだったときのことを考えておくのは大事なことだ。

野口　もしも、ですよ。

渋沢　個人はハンコ1つで税務署に行けば廃業届を出すことができて、他にも青色申告をやめる書類などにもハンコを押して完了だ。また費用はかからない。そして翌年2、3月に個人事業の最後の確定申告をする。他方、法人を畳むのには、官報に公告を出したり決算の申告を2回出す必要があり、司法書士と税理士の報酬がダブルで発生して半年間ほどかかる。それにプラスして法務局に払う費用もあるので、合計100万円を見積もっておこう。

野口　個人事業は始めるのも簡単ですし、毎年の維持コストも低いし、閉じるのもラクですね。

渋沢　だからこそ、個人事業は信用力が低いというか、本当に商売として成り立っているんだろうか、お金を持ち逃げされてしまうのではないか、とお客さんに疑念を持たれるおそれがある。とはいえ詐欺事件を起こす株式会社もあるので、株式会社だといっても絶対安心とは言えず、個人事業よりもましということだ。

野口　個人事業でスタートしてあとから法人にすることもできますか？

渋沢　できるよ。個人事業ではじめて、2、3年たって商売が軌道に乗ってきたら、株式会社を作って運営をスタートさせるのと同時に、個人事業のほうで廃業届を出す。こうして、事業を個人から株式会社にスイッチする。その年の費用が個人と法人のどちらにかかわるものか仕分ける作業や、いままで個人事業で使っていた固定資産を法人に売却する手続きもあるので、税理士の先生にやってもらったほうがいい。

野口　軌道に乗ってきたら、というのはいつのタイミングですか？

渋沢　自宅で開業していて利益率が80％の商売なら、今年の売上が1000万円を超えて、来年以降もそれが続きそうだ、と感じた瞬間だ。

法人にする（法人化）メリットには、次のようなものがあります。

①　個人事業のときより、取引先からの信用力が増します。

②　個人事業で売上が1000万円を超えると2年後から消費税を納めなければならなくなります。法人にスイッチできれば、法人を作ってから2年間は消費税がかかりません（法人の資本金が1000万円未満で、作ってから6か月間の売上または給与等が1000万円以下などの要件があります）。

たとえば、個人事業主で人を雇わず、売上1000万円超で利益率80％の商売をしていた場合には、法人化により原則的には1年間で約70万円の消費税を節税することができます。

③　自分の作った法人で、役員として自ら『社保』に入ることができます。つまり、厚生年金に入ることができるため有利です。

④　扶養している家族の数にもよりますが、個人事業で利益800万円を超えたあたりから、個人で税金を払うよりも法人で税金を払うほうが税率が低くなります。また、家族

を役員や従業員にすることで、家族にも給料を支払うことができます（仕事を手伝っている実態が必要です）。こうすることでトータルの税金が安くなります。

野口　ボクは売上700万円を稼げればいいです。

渋沢　そうだった！　ならばひとまず個人事業主で始めるべきだ。

野口　でも個人事業だと信用を得にくいですよね。それだと売上が1000万円、2000万円と増えていかない気がします。なので、最初から法人、つまり株式会社を作るべきじゃないですか？

渋沢　たしかに、個人事業と法人ってそういう『卵が先かニワトリが先か』という面がある。初対面の人に『個人事業主です』と自己紹介すると、『この人はまだ法人にしていないということは、売上が数百万円のレベルか。頼んで大丈夫かな……』と思われる可能性もある。だから、個人事業で始めて頑張って2、3年で軌道に乗せて、早く法人にすればいい。

野口　いきなり法人を作っちゃえばいいんじゃないですか？　法人の代表って響きがいいですね。

渋沢　ずっとサラリーマンをやってきて、『代表取締役社長』という響きに憧れを抱いて会社を作る人がいる。でも、そういう虚栄心は商売では役に立たないし、お客さんにも見透かされるのでやめたほうがいいよ。万年赤字の会社ができるだけだ。毎年の維持費が40万円もかかって、『なんでこんなもの作ったの！』と奥さんがいたら怒られるぞ。

野口　でも個人事業主をしないですぐに会社を作ってうまくいっている人もいますよね？

渋沢　そうだね。いきなり作ってうまくいく人には2とおりのタイプがある。

まず1つ目のタイプは、何も考えずにとりあえず作ればなんとかなるだろう、と突っ込んでいくタイプの人。気付けば自分の株式会社ができていた人だ。こういう人は会社を作った初年度にやっている事業と2年目以降の事業が違ったりするのだけれども、年間の売上は300万円、1200万円、2400万円とドンドン増えていくことがある。

たとえば、あるフリーランスの人は会社を作ったときは服を扱う商売、具体的には洋服や着物のレンタル業をしようとしていた。けれども、実際にやってみるとほとんどレンタルの依頼はなく、むしろ知人や友人を企業につなぐ仕事をしたり、地主さんや企業オーナーを不動産屋に斡旋したりして紹介料が積み重なっていった。

野口　すごいですね。そんなにやることって変えていいんですか？

渋沢　会社の憲法である『定款』に事業内容が書いてあれば問題ないんだ。定款には事業内容をずらずらと並べて書いてもいいし、それに付随した事業も含まれるのでその辺はわりとゆるい。もちろん、役所から許認可をもらう必要があるものはちゃんと手続きをしないといけない。

野口　でも当初の目的だった、服のレンタル事業はやめちゃっていいんですか？

渋沢　いいんだよ。会社を作る目的は稼ぐことなので、結局稼げていればやることを変えても問題ない。むしろ服のレンタル業にこだわっていたら、いまだに赤字が続いていてその人は自分の貯金を切り崩して会社を維持していただろう。

野口　売上2400万円って大きいですね。紹介するだけならコストもかからないでしょうし。

渋沢　その人はお金を貯めることに興味がないので、自分で稼いだお金は取引先やお客さんを接待したり、未来のお客さんを開拓するための交際費にどんどん使っている。人と会って話すのが好きなんだ。そうやって、さらに人と人を繋げて売上が増えるという好循環になっている。過去に人材紹介会社や不動産仲介会社の勤務経験はないが、『人と会って話すのが好き』という性格が強みになった。

野口　すごいバイタリティーですね。

渋沢　実際に会うと爽やかで柔和な印象を受けるが、それでいてよく気が利く人だったな。

野口　2つ目はどんなタイプですか？

渋沢　サラリーマンをしながら会社経営ができる人。勤務先で副業は禁止されてはいないが、実際には副業していることを社内の人に知られると、何かと面倒になるケース。それでも副業の収入が発生してしまう場合だ。個人の収入にはしたくないので、自分で会社を作ってその会社で仕事を受注して（役員として働いて）売上をたてる。

会社で利益がでても自分の役員報酬はゼロにしているので住民税などを通して社内の人にバレる可能性は低い。奥さんも会社の役員になって働いて、奥さんだけが役員報酬を受け取っているというケースもある。

野口　たとえば、どんな業種ですか？

渋沢　いろんな業種があるけど、たとえばコンサルティング業だ。あるＩＴ会社に勤めるサラリーマンの夏目さんは、幼馴染の友人がやっている美容室から経営のアドバイスを求められた。平日は本業が激務なので休日ぐらいゆっくりしたかったが、だからといって、昔からの友人の依頼を無下に断ることもできず、仕方がないので会社を作ってそこで受託した。

土日を使ってきめ細やかな分析とアドバイスを行った結果、その美容室は大盛況。その後口コミの紹介が増えて、継続的に仕事が入ってきている。

野口　社内の人にバレませんか？

渋沢　自分の会社の所在地を自宅にしておけば、税金関係の書類はすべて自宅に届くので、勤務先に郵便物が行ってしまうことはない。ただ、勤務先が夏目さんの作った会社の名前を知って法人登記簿を調べたら、代表者名も役員名もすぐにバレてしまう。いまはネットですぐに登記簿を見ることができるからね。

野口　ある収入を個人の収入にしたり、会社の収入にしたりして、そんなに自由に変えられるものですか？

渋沢　収入を恣意的に付け替えることはできない。最初から、事業内容を明確に分けて、この事業は個人事業としてやって、こっちの事業は会社としてやる、と税務署に説明できるように明確な線引きをする必要がある。お客さんとの契約書も振込先口座も個人事業と会社でしっかり分ける。そして一度決めた事業の区分を継続することだ。それができれば十分可能だ。

野口　どちらのタイプも行動力がハンパないですね。『気が付いたら会社を作っていた人』だったり、『仕方がなく会社を作った人』だったり。

渋沢　会社ってただのハコというか、人間が作った道具だからね。2つのタイプの人に共通するのは、お客さんのニーズに合わせて会社をうまく使った点だ。逆にいうと、一人で部屋に閉じこもって勉強して調べて、事業計画書を何度も作り直してなんてうじうじやっていたら、いつまでたってもお客さんのニーズに気付けず時間だけ過ぎていくよ。

野口　一人で悶々としていても、意味がないということですね。

渋沢　準備して失敗の可能性は減らせても、成功の可能性を増やせるわけではないからね。うまくいくだろうと思った商売をとにかくやってみて、お客さんがどんな反応をするか見てみよう。ダメならダメと早く知ることができて儲けものだ。そして、すぐに次の手を打つ。これを手元の資金がなくなるまで繰りかえす。そうすれば、いずれいい出会いがあって状況を打開できるはずだ。

野口　出会いですか？

渋沢　出会いだよ。野口くんの力だけで預金が自動的に増えることはない。お金は外からやってくる。いい仕事仲間やお客さんと出会うことで、商売ができてお金が入ってくるんだ。出会いのレベルというか、運のレベルを上げよう。

●ピンチになったら人に会いに行け

野口　運のレベルを上げようとか言って、先輩、胡散臭いですね。

渋沢　サラリーマンは、会社に仕事がたくさんある上で雇われているので、当然だけど入社すれば仕事は上司からどんどん振られる。仮に窓際族になって仕事がなくなっても給料はもらえる。一方、フリーランスだといくら野口くんの商品やサービスの質がよくても知名度が低いから、世間の人に存在すら知ってもらえない。そのため、全く仕事がなくお金が入ってこないということも起こる。

野口　ヒマだとそんなにまずいですか？

渋沢　フリーランスは、お金が入ってこないけど固定費や生活費は毎月出ていくので、経済的にそして精神的にどんどん苦しくなっていく。手元にお金がないので思い切った手を打つこともできなくなり、どん詰まりになる。たとえば、資金があと2か月で底をつく。そうなればフリーランス生活は終了、サラリーマン生活に逆戻りだ。そんなとき、野口くんならどうする？

野口　どっ、どうすればいいんですか？　価格をもっと安くしますか？

渋沢　ちがうよ、営業だよ。営業。営業っていうのは人に会いに行くってことだ。一度も会ったことがない人でお客さんになってくれそうな人にアポを取って会いに行く。

野口　営業なんて、やったことないです。

渋沢　やったことないとか言っている場合じゃない。お金がなくなれば終わりだぞ。終わりってことは経済的に死ぬってことだ。死ぬ気になれば、誰だって営業はできるんだよ。

野口　そんな単純なものですか？

渋沢　そうだよ。『営業』っていうのは『押し売り』とは違う。ここがポイントだ。売り込みトークを頑張って買ってもらおうとするから、相手からいやがられる。だから、顔を合わせて楽しく話ができればそれでその日はＯＫ。あとは定期的に笑い話をしに会いに行けばいい。何度も会えば仲良くなるし、いつか買ってくれるさ。

野口　そんなんで、いいんですか？

渋沢　いいんだよ。営業を難しく考えてはダメだ、こちらからコンタクトをとって会いに行く、そして会話を常に楽しむんだ。資金が残り2か月で尽きるのなら見込み客だけではなく、過去に野口くんが会ったことがあるすべての人にコンタクトを取るんだ。つまり、知人、友人、サラリーマン時代の先輩、後輩、そして同僚、1回しか会ったことがない人、昔の恋人、誰でもいい、会ってくれる人全員にすぐに会いに行こう。

思い出話に花を咲かせた後、現状を相談して、『何かいい方法はないですか？　アドバイスをいただけませんか？』と真摯な態度で教えを乞うんだ。そのとき暗い表情になりそうだが、決して暗くなっちゃだめだ、あくまで明るくだ。

野口　そうすると？　どうなるんですか？

渋沢　何とかなるんだよ（笑）。

野口　渋沢先輩、楽観的すぎますよ！　しかも非科学的すぎて理解できません！

渋沢　そういうもんなんだよ。こちらから人にコンタクトを取って会いに行く。一緒に笑えば仲良くなる。その人は『まぁ、助けてあげるか』という気持ちになってきて、一肌脱いで他の人を紹介してくれる。紹介された会社の社長に会いに行ったら、あっけなくお客さんになってくれたりする。こういうのって面白いよね。

野口　先輩、テキトーですね。
渋沢　全然テキトーじゃない。お金は仕事を通してやってくる。仕事は必ず外からくるもの、つまり人を通してやってくる。だから人に会いに行く。人に会えば助かる可能性が高まる。助かったときは嬉しい反面、自分の非力さを痛感するよ。フリーランスの世界は広くて残酷すぎる。
野口　フリーランスって、そんな世界なんですか？
渋沢　そうだよ。自分は周りの人に生かされている、と強く感じる。自分では万策尽きてどうしようもない状況でも、めぐりめぐって誰かが助けてくれる。そういうのを『運』っていうのが適切かは分からないけど、誰かを大事にすることで確実に『運』のレベルが高まって、いつか自分に返ってくる。
野口　『運』ですかぁ。サラリーマンで出世するにも、実力以外に運やタイミングは大事ですからね。
渋沢　いつか会社を辞めてフリーランスになるのなら、上司や社長の機嫌取りはもうやめよう。彼らとの関係は会社を辞めればあっけなく消えてしまうから。同僚や先輩、後輩、他部署の人など、いろんな人に声をかけて仲良くなっておこう。サラリーマン時代にほとんど話をしなかった人が、あとで人生を変えるようなビジネスパートナーになることもあるし、ＶＩＰ

になるお客さんを紹介してくれることもある。成り行きに任せず、『運』のレベルを意図的に上げるんだ。

野口　全員と仲良くするんですか？

渋沢　気にかけてあげたり、仕事で助けてあげたり、丁寧に接するんだ。それでも気が合わない人がでてくるので、そういった人とは無理に付き合わなくていい。というか、付き合っちゃだめだ。フリーランスは付き合う人間、付き合わない人間をこちらが自由に決めることができる。だから、気の合わない人に合わせるのは無駄なので離れよう。

●上下関係も国籍も学歴も関係ない

渋沢　実は、私もサラリーマンのときは上司ばかり気にしていたんだ。いま思えば、上下関係も入社年次も関係なく、全員とフラットに接して信頼関係を築いておくべきだった。もったいないことをしたよ。サラリーマンとしては、いまイチでも個性が光っていたり面白い人もいたし、その人の後ろには何人何十人といった繋がりもあったはずだ。サラリーマンのときはそういう感覚がよく分からなかったんだ。

野口　上下関係もなく、入社年次も関係ないなら組織は崩壊しますよ。

渋沢　フリーランスになれば、野口くんとその社長はビジネス上、対等な立場だ。野口くんはたとえ売上が小さくても組織の代表になる。野口くんが気に入らなければ、その社長の会社と取引をしなくてもいい。逆に、フリーランスになった後も前職の上下関係を意識していたら、下請けのような立場になって食い物にされるぜ。だからフラットを意識すべきだ。

野口　ボクと社長が対等なら、ボクはいまの上司、会社を辞めたら元上司になりますけれども、その人よりも偉くなるということですか？

渋沢　偉くなるというのが正しいか分からないけど、野口くんは個人事業（または会社）の経営権を１００％持つようになる。つまり、野口くんが最終意思決定者だ。他方、その元上司は中間管理職にすぎない。だからその元上司がいいと言っても、途中で社長の横やりが入ればその言葉は簡単に覆ってしまう不完全なものだ。そういった意味で、野口くんの言葉はその元上司よりも重い。

野口　会社を辞めて税務署に開業届を1枚出しただけですけどね。

渋沢　フリーランスの社会は、そういった意味で自由で無秩序な世界だ。年齢、性別、国籍、学歴、これらに縛られることもない。以前は、大手新聞社や都市銀行に勤めていたとか、そういうものに頼って生きてきた人は、サラリーマンの世界から出ないほうがいい。大事にしてきた武器は思ったほど役に立たないし、妙なプライドになっていたらむしろ有害だ。

　サラリーマン時代、自分より未熟だと決めつけていたライバルに、フリーランスの世界ではあっけなく負けてしまう日がくる。フリーランスでうまくいっている人に『大学はどこでしたか?』なんて、質問すること自体、こちらが野暮と思われて恥ずかしいので、しないことだ。

野口　自由な世界っていいですね。

渋沢　サラリーマンの世界のすぐ近くに、そういった別の世界が広がっている。いま勤めている会社に上司や先輩がたくさんいて、詰まっているというか出世が見込めないなら、早くフリーランスの世界で勝負するのをおすすめするよ。

野口　サラリーマンて、なんか詰まっている感ありますよね、閉塞感っていうか。

渋沢　たとえば、中東から日本に移住した外国人が、日本語学校を卒業した後コンビニや倉庫で働き出した。彼は雇われていても大したお金にならないと思い勤務先を辞め、自分の会社を作ってペルシャ絨毯を売り始めたんだ。

1枚100万円、200万円もする商品を売っていたが、仕入れ値については知り合いからまとめて買っているのでよく覚えていないという。1枚30万円ぐらいだろうか。1年目で売上が1500万円ぐらいになり、決算書を見ていた私は、日本にきて数年の彼がこんなに簡単に稼いでいいのだろうかと考え込んでしまった。

日本で年収1500万円といえば、都市銀行の支店長ぐらいですが、そこに辿り着くには新卒で入ってから社内競争に勝ち抜き、我慢に我慢を重ね10年、20年とかかります。

渋沢　しかも彼には時間もあり自由で楽しそうだった。最近は絨毯以外も売っているらしい。フリーランスには年齢も国籍も関係ないと感じた瞬間だったし、むしろ中東の国に生まれたことが個性というか強みになっている人だった。

野口　何か不公平な感じがしますけど……。

渋沢　プロ野球選手の年俸が数億円だったりするけど、あれはどう思う?

野口　自分とは別世界の話なので、そういうものかなと思います。

渋沢　フリーランスもそうだよ。年収が億を超える人たちもいる。だからといって、その人たちは3時間睡眠でボロボロになりながら働いているとか、病院に通うほどストレスのかかる仕事をしているかと言えばそうでもない。一部のサラリーマンが持っている『給料は我慢の対価』という考え方の延長線上だと理解できないんだ。

フリーランスでは仕事の内容にもよるけれども、成功報酬型なら『報酬はお客さんが感じた価値の対価』になる。だから億超えのフリーランスの人たちは、我慢しているというよりも個性が光っていて、むしろみんなワガママだ。

野口　なんかイヤです。サラリーマンとして真面目に働いているのに。

渋沢　真面目な性格は大事なことだけれども、『あなたのためにこんなに長い間働いたのでお金をください』といってくる人がいたらイヤだね。お客さんが価値を感じなければ、いくら労力をかけて作ったものでも大したお金にならないんだ。フリーランスになるとそういうお客さんからの評価をもろに受けることになる。だから、毎日真面目に仕事をしているけれども、年収100万円~200万円の枠から抜け出せないフリーランスもいるわけだ。

野口　差が激しいですね。

渋沢　同じことを何も考えずただ真面目に繰り返す能力には価値がない。いかに商品の付加価値やサービスの個性を創意工夫で磨いてお客さんに喜ばれるか、だからね。自分より稼いでいる人は常にたくさんいる。上には上がいて、下には下がいる。その中途半端な状態をずっとうろうろすることになるんじゃないか。

野口　うろうろするって……それでいいんですか?

渋沢　いいんだよ、それで。楽しければいいんだ。

●節税するときと節税への興味を失うとき

野口　税金はなるべく払いたくありません。

渋沢　フリーランスになってすぐはお金が足りないからそう強く思うだろうね。しかも、利益がある程度出ると翌年2、3月の確定申告を待たずに7月と11月に税金の一部を前払いしないといけないから、資金繰りはもっと苦しくなる。

野口　お客さんがフリーランスにお金を払うとき、天引きする制度がありましたよね。あれとは別ですか？

渋沢　別だよ。国のとりっぱぐれを防ぐために二重に網がかけられている。

野口　やっぱり、ぎりぎりまで節税するしかないですね。

渋沢　フリーランスを始めてから3年、事業が軌道に乗り始める時点まではその考え方でいい。その3年間は開業時に準備したお金を使い果たし、不安定ながらもお客さんからもらったお金で事業を回す、まさに生きるか死ぬかの時期だ。1円でも多く節約と節税をして生き延びるべきだよ。

野口　最初の3年間だけですか？

渋沢　そう。4年目以降も節税節税と言ってるんじゃ、フリーランスとしての未来はないよ。

野口　どうしてですか？

渋沢　税金の計算は、利益（所得）に税率をかけて計算する。つまり、利益が小さければ税金も小さくなる。そこでどうすれば節税できるだろうと突き詰めて考えていくと、『利益をゼロにすれば税金がかからないし、いいじゃないか！』という結論がでる。

野口　税金がかからないってすごく魅力的ですね。政治家や官僚が税金を無駄遣いしているので、ボクはなるべく税金を払いたくありません。

渋沢　政治家や官僚の無駄遣いとか大きな話は置いておいて、フリーランスの野口くんの経営だけを考えていくよ。フリーランスで利益がゼロの状態には次の3とおりがある。

①　プライベートの出費を計上して利益をゼロにしているケース

②　稼いだお金すべてをお客さんや取引先を接待するための飲食代やタクシー代などに使い果たし利益がゼロになるケース

③　本当に儲かっていないケース

①は脱税なのでアウトです。いつか税務調査が入って指摘されるのでこの状態は長くは続きません。

②は合法的な節税ですが、『江戸っ子は宵越しの銭を持たない』といった価値観なので、入ってきたお金はすべて出ていってしまいます。手元にお金を貯めることができず、翌年以降、収入の落ち込みがあったときに、すぐに資金ショートを起こして廃業に追い込まれてしまいます。フリーランス特有の収入の不安定さに対して弱くなってしまうのです。

③は全然儲かっていないので貯金を切り崩しながら生活費に充てていますが、いつか底をつきます。そのときに廃業となります。毎年、確定申告書を見ては税金がゼロなので満足します。現状はうまくいっていると勘違いし、向上心も失ってしまいフリーランスとしての成長が止まります。実はこの状態が一番危ないのです。確定申告書には生活費のための預金が減っている事実は載らないので、本人が知らないうちにじわりじわりとお金に困窮していきます。

渋沢　このように、税金を払うのを毛嫌いしている人は、①から③と通る道は違っていても、行きつく先は同じ。ギリギリの生活が続くか、または廃業だ。

野口　どうすればいいんですか?

渋沢　時期に応じて税金への考え方を変えるべきだ。まず、開業から3年目まではとにかく生き残るために1円でも多く節税する。でも税金をゼロにするという極端な考え方は捨てたほうがいい。そして、売上が増えてきた3年目あたりに法人を作るんだ。フリーランスを個人事業としてやるときの税金は、儲かっていればいるほど税率が高くなっていって、最高で55%（住民税を含む）にもなる。一方、法人は最高で34%程度でお得だ。法人を作った段階で『ある程度節税になっているから、まぁそれでいいや』と開き直ることだ。

野口　開き直る？　法人を作ると節税の方法が増えると聞きました。どんどんやるべきではないですか？　よく税理士の先生が勧めてきますよね。

渋沢　税理士は税金の専門家であって経営の専門家ではないので、いくら仲良くなったとしても野口くんは経営者として『経営上、本当にそれでいいのか』と自分の頭で考えながら節税策を選ぶ必要がある。

野口　税金計算と経営は違うんですか？　どんな節税策ならやっていいんですか？

渋沢　たとえば、奥さんにも仕事を手伝ってもらい、役員や従業員として給料を払ったりするような、節税策はやってもいい（注：ただし奥さんには給与課税がされる）。でも、保険や経営セーフティ共済（倒産防止共済）のような会社の外にお金を流す節税策はおすすめしない。払い込んだお金は自由に使えなくなってしまうし、途中解約するにもペナルティを取られる。将来お金が戻ってきたときに結局税金がかかるので支払が先延ばしになっただけだからだ。

経営者にとって手元の現金を厚くして資金ショートを防ぐことが一番大事だし、自社の商品やサービスの開発にお金を投資するのが先だからだよ。

野口　その分、今年の税金が高くなったとしてもですか？

渋沢　そうだ。この点で、残念だけれども経営者と税理士は構造上、同じ目線にたつことが難しい。経営者はある程度節税できたら、もう節税に対して興味を失うべきだ。本業の売上と利益を大きくすることに関心を向けよう。もっと言えば、税金を最小化するのは諦めよう。

野口　そういうもんですかね、余計な税金を払うとその分損している気がします。なにか納得がいきませんが。

渋沢　税金を減らすことよりも無駄な商品やサービスを買わないことのほうが重要だ。たとえば、広告費用として100万円を支払った。経費にできるので税金は30万円安くなった。でも広告宣伝の効果はなくトータルでは70万円のお金が無駄になった。究極の節税策っていうのは、後から振り返ってみるとトータルでは損している、そんなもんだ。

野口　でも税金って多く払ってもその分いいことがあるわけではないし、払うなら少ないほうがいいと考える人はいますよ。ふるさと納税をやって返戻品をもらってもたかが知れていますし。

渋沢　野口くんがさっきの②のタイプならいいんじゃないかな。つまり、今年稼いだお金は合法的に今年中に全部使う。オレのカネはオレが使うんだ、国が使うもんじゃない。年越しの金はないが、来年のことは来年考えよう。こういう人は有り金を使って全力で経済を回しているので、国の仕事を肩代わりしてあげていると考えることもできる。

野口　逆に、年をまたいでお金を貯めていくのなら、『そこのあなたちょっとお待ち。税金を少し置いていってください。こちらで使いますので』と国に呼び止められる、ということですか？

渋沢　そうだね。このように、お金の使い方にその人の税金に対する価値観が表れる。ところで、さっき野口くんは『政治家や官僚の無駄遣いがあるのがイヤだから税金を払いたくない』と言っていたけど、それは『税金の使い道』について納得がいかないってことでしょう？

野口　そうです。

渋沢　でも、国がお金を集めないと国防や警察や社会保障制度も崩壊するよね。そうしたら治安も悪くなるしイヤでしょ？　どこかの国のダウンタウンのように夜8時以降外を一人で歩けなくなるぜ。だから税金を集めることは必要なんだ。野口くんが気に入らないのは『税金の使い道』でしょう？　それなら税金をしっかり払った上で、その使い道について政治家や官僚に堂々と文句を言えばいいじゃないか……と、昔大きな会社を経営する社長に言われたことがある。

野口　あれっ、渋沢先輩オリジナルの意見じゃなかったんですか？

渋沢　ちがう。私は自分の懐具合を差し置いて、社会全体を見れるほど人間ができていない。その社長が言ったんだ『税金は払えば払うほど親方日の丸が味方になってくれる。オレは人件費よりも税金を払いたい』と。

野口　人件費よりも？　それすごくないですか！

渋沢　彼の真意はこうだ……働きの悪い従業員に給料を払うよりも、税金を払うほうが会社にお金が多く残る。大きく稼げば、税金をたくさん払っても使える金も増えるんだ。そのお金で会社をより安定的に大きくすることができる。そうすれば業界内での発言権も大きくなって政治力もつく。政治家に業界が潤うような法律を作ってほしいと陳情することもできるし、誰のためか分からない余計な法律をなくしてもらって、国の無駄遣いのチェックもできる……。

野口　そこまでいくとびっくりですね。考えることのスケールが大きすぎてついていけないです。

渋沢　私もついていけない。でも、『税金を多く払うことで会社が大きくなっていく』ことを、この社長は見事に証明してくれたよ。

●地味に赤字を翌年に繰り越す

渋沢　さて、スケールの大きい話をしたあとに恐縮だけれども、チビチビした節税について考えていこう。

野口　いいじゃないですか！　小さい節税からいきましょうよ。

渋沢　個人事業は、その年の売上から経費を引いて赤字が出ると、その赤字を繰り越すことで翌年以後3年間の利益（所得）と相殺することができる制度があるんだ（青色申告など一定の要件がある）。

繰越しをせず、前年の利益と相殺してその分税金を返してもらうこともできる（繰戻しという）。他方、サラリーマンだと経費（給与所得控除）がすでに決まっていて赤字にならないような仕組みになっているから、赤字を繰り越すこともできないし前年分と相殺することもできない。

野口　サラリーマンは不利ですね。サラリーマンにこだわって転職活動しているときは、電車代など結構かかるのに、無給だから赤字ですよね。

渋沢　たしかにありえるね。転職活動中にかかった電車代などを転職後の給料と相殺することはできない。別の制度だけれども、そういう求職者はハローワークに行って失業手当をもらえばいいんじゃないか。

野口　さっきの相殺の話、法人を作った場合はどうですか？

渋沢　法人では損失を翌年以後10年間繰り越して相殺できる。個人事業主と同じく前年分にもどって相殺することもできる。

野口　10年間ってかなり有利ですね！

渋沢　制度上有利そうに見えるけれども、10年間も赤字を出し続ける会社なんてゾンビ会社なのでロクなもんじゃない。経営者が自腹をきって会社にお金を入れてなんとか維持している状態だ。そういう会社は黒字に転換するのを期待する前に早く潰してしまったほうがいい。

野口　どうしてそんな状態になるんですか？　お金もったいないですよね。

●銀行とうまく付き合おう

渋沢　父親や祖父が作った会社で親戚10人が株主になっていたりすると、親戚の目があって潰せないことがある。単に経営者の道楽でやっている会社もある。銀行はそんな潰せない会社に目をつけて、『お手伝いします』と爽やかな笑顔で近寄ってくる。あえて廃業をすすめず、代表者個人が持っている不動産を担保にとって融資したがるんだ。会社はダラダラ赤字を垂れ流しながら、銀行員におだてられて借金はどんどん増えていく。

野口　最後はどうなるんですか？

渋沢　借金が担保評価額に近づいてきたら、経営者にその不動産を売ってもらって銀行は資金を満額回収して終わり。銀行は長年たっぷりとその経営者と会社から利息というお金を吸い尽くしてきた。だからフリーランスは人の目を気にして会社を続けることに固執するより、思い切って廃業したほうが痛手を負わずにすむことがある。

本当に銀行は恐ろしいよ……。いや銀行に限らず、お金の貸し借りっていうのは怖いものだね。どんなに親しい仲間や友人であろうとも保証人になっては絶対だめだ。簡単に身を滅ぼすから……。

野口　銀行って清潔感のあるタレントを使ってテレビCMを流しているので、真面目でちゃんとしているイメージがありますけれど。

渋沢　野口くん、銀行のイメージ戦略に躍らされているね。『歩積み両建て（ぶづみりょうだて）』は知ってる?

野口　何ですかそれ?　将棋ですか?

渋沢　たとえば、野口くんの会社の倒産を防ぐために5000万円が必要になるとする。金利は3%で借りたい。そこで、銀行は『1億円のお金をお貸ししますので、そのうち5000万円は定期預金にしてください』と野口くんに促す。野口くんは、5000万円を貸してもらわないと会社が潰れるので渋々その提案に従う。

銀行との関係があって実際にはこの定期預金の5000万円を解約することはできない。にもかかわらず、その使えないお金についても利息を払わされる。結果として、事業資金として5000万円を金利3%で借りたはずだが、実質的な金利は倍のなんと6%になる。

野口　ひどいですね。こんなことまだあるんですか？

渋沢　金融庁の監督指針で禁じられているはずだけど、実際にはまだあるんだ。金を貸す銀行の立場が強いので、私もノルマを背負った銀行員から似たようなことを提案されたことがある。逆に、銀行員とのパイプを太くして優良なお客さんを紹介してもらおうと、定期預金を頼まれたらいつでも喜んで応じてあげる社長もいる。

野口　その社長、イケてますね。

渋沢　だから、フリーランスになるならそういう事情も知った上で、銀行とうまく付き合っていこう。

●お客さんからのとりっぱぐれを防げ

野口　お客さんに商品やサービスを売って、期限までに代金を払ってもらえなかったらどうするんですか？

渋沢　期限を過ぎたらすぐに催促するんだ。もう少し待っていれば入金されるかもしれないとか、お客さんも忙しいだろうからあと1週間待ってみようとか、淡い期待を抱いてはいけない。すぐに、メールか郵送など後に残るもので請求書を送り直そう。

野口　でも、お客さんからお金を払ってもらえないことなんてあるんですか？

渋沢　フリーランスの世界ではよくあるんだ。たとえ契約書でいつまでに払うと約束していてもね。特に、商品やサービスの受取りと代金支払のタイミングが離れている場合には、お客さんは『カネだけ払え』と言われているような気持ちになって払いたくなくなる。

野口　ボクは代金を踏み倒したことはないですよ。ふと思い出しましたが、学生時代小さなカフェでアルバイトをしていたことがあります。ある日、店のホールにスタッフの姿が見えなくなったのをいいことに、パフェを食べ終わったおばあさんがお金を払わず帰ってしまいました。レジにはスタッフを呼ぶための鈴がありましたが、そんなことお構いなしでした。

ボクが追いかけて話しかけると、その優しそうなおばあさんは『お忙しそうだったので』ととぼけていました。すぐに払ってくれましたけどね。

渋沢　そんなもんだよ。誰しも多かれ少なかれそういった『ズルい』衝動がひそんでいる。それはアウトローな人たちにかぎらない。普通に生活している一見優しいお客さんも心のどこかに『本当は払いたくないな、忘れていたことにしようかな』という気持ちがある。時間が経てば経つほど払いたくなくなる。だからそういった衝動を呼び覚まさないように、早く請求してお客さんを正常な状態に戻してあげるんだ。

特にフリーランスは立場が弱いのでお客さんからなめられることがあります。どうせ弁護士費用も払えないだろうし、代金を踏み倒せるだろうと思われてしまうのです。お客さんが大企業でフリーランスが個人事業だと力の差は歴然としていて、代金の不払いだけではなくフリーランスへのパワハラ、セクハラ被害が問題になっています。

野口　フリーランスが弱い立場なら、一体どうすればいいんですかね？

渋沢　お客さんに『お金を払わなくてもいいかも』という気にさせないように予防に徹することだ。古本をネットで売るならクレジットカード決済なので問題ないけれども、コンサルとかライター、デザイナーとかだと、お金のとり方に工夫が必要になる。

一番いいのはお金を全額前金でもらうこと。それができないなら契約時に着手金として50％なりいくらかお金をもらって、作業完了後に残りをもらうようにする。ちゃんと履歴が残るように銀行振込にしてもらう。たとえば、個人のお客さんなら着手金の入金期限を契約日から1週間や10日にして、振り込んでもらうようにする。

野口　短くないですか？

渋沢　10日間の期限があって銀行へ行かないお客さんなら、20日間あっても手続きをしてくれない。支払の手続きはお客さんにとって優先順位が低いから、来週でいいやと思われると本当に悪気なく忘れられてしまうんだ。入金されるかどうかはこっちにとっては優先順位が高いけどね。かといって3、4日間だと短すぎるので、1週間や10日間ぐらいがいいんじゃないかな。法人のお客さんなら月末までに払ってもらう。

野口　作業はいつ始めるんですか？

渋沢　たとえばコンサルなら着手金をもらってからだ。それも、最初にお客さんに『着手金の振込を確認次第、作業を開始します』と念を押しておく。こういうケジメは重要だ。

野口　着手金を嫌がるお客さんがいたらどうしますか？

渋沢　その人はうちのお客さんにならないので、丁重にお断りして帰ってもらう。

野口　いいんですか、そんなことして？

渋沢　いいんだよ。フリーランスだからといって、すべて相手に合わせる必要はない。自分のつくったルールに同意してくれる人とだけ仕事をするんだ。それ以外の人はお客さんじゃないので時間を奪われないようにしよう。タダで働くボランティア活動はプロの商売人がやることじゃない。

●なぜか多めに払ってくるお客さん

渋沢　逆に、契約時に着手金だけでなく残金もあわせて全額を払いこんでくるお客さんもいる。しかも支払期限よりもずっと前に。こちらが頼んでいないにもかかわらずだ。

野口　いいことですよね？

渋沢　資金繰りを考えればよかったけれども、これも2つの考え方がある。1つ目は、お客さんがうちの商品やサービスを早く欲しくてたまらなくてせっかちになっているケース。あるいは、優しいお客さんでこちらの資金繰りや決算時期を考えて早めに払ってくれるケースだよ。

野口　2つ目は何ですか？

渋沢　お客さんの予想よりも代金がだいぶ安かったケース。つまり、お客さんは『これは安くておトクな買い物だ』と感じていて、あとで『ごめんなさい、やっぱり安くしすぎました』と増額を相談されるリスクを気にしている。そこで、あえて早めに全額を払うことで取引金額を確定させようとするんだ。野口くんとしては、本当に安くしすぎた可能性があるので、次回からもう少し高くするか考えよう。

野口　いろんなお客さんがいますね。

渋沢　お客さんも自分で商売をやっている場合には、そういったことがまま起こる。あと、契約も結んでいないのに、知らない誰かからまとまったお金が入金されることもあるんだ。これは相手が危険な人の可能性が高いので気を付けよう。

野口　サラリーマンだと、給料をとりっぱぐれることも、多くもらって困ることもないですね。

渋沢　サラリーマンでは、たとえば毎月25日になれば前月と同じような金額が振り込まれる。入金されたかチェックしないで数か月を過ごす人もいる。なんて平和な生活なんだろうね。勤務先が倒産すればとりっぱぐれもありうるけれども、その可能性は低いよね。

野口　いくら予防したとしても、お客さんがなかなかお金（残金）を払ってくれないときは、フリーランスはどうすればいいんですか？

渋沢　電話やメール、請求書を何度でも送って支払いを促す。最終的にお金を払ってもらえなければ、自分がそのお客さんのために使った時間やお金が無駄になるし、代わりに他のお客さんを相手にしていれば稼げたであろうお金も失う。お金に余裕のないフリーランスにとってこれは死活問題だから、催促はあくまで紳士的な態度でとにかくしつこくやる。フリーランスである自分を守れるのは自分しかいない。

野口　弁護士に相談ですか？

渋沢　その前に、相手（お客さん）が会社ならその上司か社長に、フリーランスなら所属団体や仕事仲間に、個人ならその同居人にも未払いについて困っている旨を真摯に相談してみよう。こちらに協力して動いてくれるかもしれないし、そうでなくても一定の効果がある。経緯はすべて書面に残すか、ＩＣレコーダーに録音して将来万が一裁判になったときに備えておく。録音は相手方の許可がなくても裁判の場では有効な証拠になることを覚えておこう。

代金を払わないお客さんは自分と距離の近い人にそれを知られるのを嫌がるので、ここまででできっと払ってくれる。それでもダメなら、郵便局に行って相手に内容証明郵便を送ろう。最後の最後に弁護士に相談だ。

●『質のいいお客さん』と『質のわるいお客さん』

野口　お客さんを断っていったら、お客さんになってくれる人が少なくなりそうです。

渋沢　お客さんには、実は2種類のタイプがあるんだ。お客さん全員を一緒くたに扱うのではなく、もっと細かくタイプ分けすることだ。こういう話は野口くんにだけするけど、お客さんには『質がいいお客さん』と『質がわるいお客さん』がいる。野口くんがフリーランスになってもこの話はお客さんの前ではしてはダメだぜ。

野口　何ですか？　気になります。

渋沢　『質のいいお客さん』は、まず期限までにお金をちゃんと払ってくれて、これは『カネ払いがいい』という表現もできるけど、しかもコミュニケーションがしっかりと取れるお客さんだ。こちらはお金をもらいながら仕事をしているけど、お金のことを忘れてしまうぐらい仕事にのめり込んでしまう。自分はもっとこの人の役に立ちたい、と強く思わせてくれるお客さんで、実際に成果物のできも良くなるからお客さんも喜んでくれる。

こういうお客さんは長期的な関係を大切にするのでこちらを罵倒したり、安く買い叩いたりもしないので仕事が最高にやりやすい。

野口　お客さんとしても、数年後またこの会社や業者にお世話になるかもしれないと思えば、ひどい扱いはしないですよね。

渋沢　こういう『質のいいお客さん』を大事にして、集めていくことだ。

野口　『質のわるいお客さん』はどんなお客さんですか？

渋沢　『質のいいお客さん』の真逆で、支払期限を守らなかったり、わざと少ない金額を振り込んでくるお客さん。催促しても『請求書は届いていたかしら？』ととぼける人や、『ごめん忘れてた』と口では謝るくせにいつまで経っても払わない人。

野口　困った人たちですね。

渋沢　メンヘラというか、精神状態が不安定でこちらを神のように崇めて歓喜の涙を流したかと思えば、感情的になって汚い言葉で罵ってきたりする。会うたびごとに言ってることが違ったり、自分の言ったことを都合よく忘れていたりする。

野口　そんなお客さんいるんですか？

渋沢　いるよ。しかもこういうお客さんは、お金を持っているかいないかに関係がない。富裕層でお金を持っている人にも、年間数億円稼いでいる人にも心が清らかでない人はいて、コミュニケーションをとるのに苦労する。ちなみに、こういう『質のわるいお客さん』はゼロにできないが、なるべく付き合ってはいけない。

野口　なるべくって何ですか?

渋沢　フリーランスを始めたころは仕事がないので、どうしてもそういうお客さんからの仕事も受けざるをえない。うまく立ち振る舞うか、ひどい扱いを受けて反論したいことがあってもぐっと耐えて乗り切る。別に肉体的に暴行を受けているわけでもないし、プライドを捨ててさらっと聞き流せばいい。相手の言っていることを右の耳から入れて、上手に左の耳から流す訓練をしよう。それでも腹の虫が治まらないときは、やけ酒を飲みながらいつか成功して見返してやると臥薪嘗胆を誓う。

野口　壮絶ですね。

渋沢　『質のわるいお客さん』を自分のお客さんにしないために、リトマス試験紙のように簡単に調べる方法がある。お客さんが過去に業者や会社（フリーランス）とどう付き合ってきたかさりげなく聞き出すことだ。つまり、野口くんに仕事を依頼する前にも、そのお客さんは同じような仕事を他の業者に依頼してきたはずだ。お客さんの口から、その業者の悪口ばかりではなく『弁護士を雇ってその業者や関係者と争っていた』と聞いたら、そのお客さんはひょっとすると『質のわるいお客さん』かもしれない。

裁判にまでなっているということは、勇気を出して声を上げた面もありますが、信頼関係より下のフロアまで落ちてしまった面もあります。相手の業者に問題があることもありますが、お客さんのほうも信頼関係を築くのが下手なタイプかもしれません。思っていることを伝えるのが下手で溜めこんでから爆発するタイプだったり。

そのお客さんはすでに他に何社か声をかけましたが仕事を受けてもらえず、まわりまわって野口くんのところに来た可能性もあります。ここは一度冷静になり、そのお客さんの仕事を本当に受けていいのかを考えましょう。

野口　『質のいいお客さん』って、たくさんいますか?

渋沢　世の中は広いのでたくさんいる。けれども、『質のいいお客さん』はすでに他の業者と強い信頼関係を結んでいて蜜月状態にあることが多い。でもここで野口くんは諦めてはいけない。その業者がミスを重ねてお客さんが不信感を抱いていたり、時代の変化についていけずお客さんのニーズに応えることができなかったりして、『質のいいお客さん』がぽろりぽろりと市場に出てくるときがあるんだ。

そのタイミングで野口くんがそのお客さんを拾い上げて大事にすることでリピーターになる。そうやって『質のいいお客さん』を1人ずつ増やしていけばいいんだ。たとえば髪を切りに床屋や美容室に行くとき、何年に1回かはお店を変えるだろう？　もちろん、毎回店を変える人もいるけどね。

野口　フリーランスになったばかりのときは『質のわるいお客さん』の割合が高いけれども、少しずつ『質のよいお客さん』に入れ替えていくということですか？

渋沢　入れ替えていくというより、自然と入れ替わっていく。次第に店の信用力も増して新規のお客さんも増えることで金銭的な余裕が生まれてきて、『質のわるいお客さん』を取らなくてもすむようになってくる。

●お客さんを選ぶ？

野口　『お客さんを選んでいる』って批判されそうです。

渋沢　野口くんだって付き合う人は選んでいるよね。長年営業を続けていて、うまくいっている会社で『お客さんを選んでいない』ところなんてないよ。たとえば、野口くんがレストランで食事をするときに、代金は現金ではなく切手で払わせてくれと要求したり、テーマパークの入り口で入場料は出世払いで必ず払うから今日はタダにしてくれ、と言っても断られるだろう。

野口　それは断られますよ。

渋沢　お店がその人を丁重に断っているから、『お客さんを選んでいる』のが見えにくくなっているんだよ。なぜそんなに丁寧な対応をしているのかといえば、それはこの国に『お客さんはみな平等に扱うべき』という考え方があって、それに配慮しているからだ。『お客さんを選ぶ』ことで会社とお客さんとのミスマッチを事前に防ぐことができるから、双方にとってメリットがあるんだけどね。

高級レストランにサンダルで入ろうとしたら入店を断られます。海外では筋肉隆々のガードマンに腕を掴まれて無理やり引きずり出されますが、日本だとお辞儀をされながら丁寧に断られます。やり方が違っても店が『お客さんを選んでいる』のは万国共通なのです。

野口　お客さんをあえて選ばないという戦略もあるんですか？

渋沢　『質のわるいお客さん』を『質のいいお客さん』に変えるために工夫をしている会社もある。他の業者が手をださない『質のわるいお客さん』を自分のところで『質のいいお客さん』にできれば、その市場を独占することができて売上は飛躍的に伸びる。たとえば、大家さんが人に部屋を貸すときに家賃保証会社を利用することで、経済的に不安定な人にも安心して貸すことができるとかね。

あとは、ひとまずお客さん全員を『質のいいお客さん』と考えてサービスを提供する方法もある。たとえば、ひと昔前に流行ったレンタルビデオ屋。『質のいいお客さん』か『質のわるいお客さん』かにかかわらず、ひとまず全員に入会届を書いてもらってレンタルさせてあげる。後でビデオを返却せず延滞金も払わない『質のわるいお客さん』を見つけたら、債権をサービサー（債権回収会社）に買い取ってもらってお金を回収する仕組みにしている。

野口　これだと多くのお客さんにサービスを使ってもらえますね。

渋沢　ただ、こういうことには、サービサーと契約したり、お客さんとの契約書に細かい条件を織り込んだり、コストがかかる。制度をつくるためのコストとそのメリットを比較しよう。フリーランスになったばかりで資金が少ない野口くんにそのコストを負担することができるだろうか？

野口　やっぱり自分が気を付けるしかないんですかね？

渋沢　もっとシンプルなやり方だと、『質のいいお客さん』を持っている会社と信頼関係を築いて仕事仲間になればいい。『質のいい会社』は『質のいいお客さん』と繋がっている。野口くんもその輪の中に入ることだ。『質のいいお客さん』を紹介してもらえるし、同時にこちらからお客さんを紹介することもできる。お客さんもハッピーだ。こういう仲間を増やしていくと、だんだんお客さんが流れてくるルートが安定してきて経営が軌道に乗るんだよ。

野口　紹介って、何かいいイメージないんですけど……。

渋沢　そんなこと言って……。いいお客さんを紹介してもらったら、次はこちらからお客さんを紹介すればいいんだよ。あるいは飲み屋でおごってあげたり、本来はお金をとるような専門的な質問に無料で答えてあげたり、他の形でちゃんと返さなくちゃダメだよ。

野口　なんか、賄賂っぽいですね。

渋沢　違うよ、民間企業同士だから問題はない。会社によっては飲食の接待を受けるのを禁じているところもあるけど、相手にさぐりを入れつつ、どうお返しするかを考えよう。

野口　そういうのなんか好きじゃないんですよね……ボクがフリーランスになったとして、うちの商品やサービスが優れていれば、他の人がうちにお客さんを紹介するのはむしろ当然なんじゃないんですか？

渋沢　野口くん、その考え方はフリーランスの世界ではまずいよ。サラリーマンとしてライバルである同僚と出世競争ばかりやってきた人の考え方だ。自分が優秀であれば上が認めてくれて結果に繋がると信じている。仕事はいつも上から降ってくるからヒラメのように目が上についていて、エサに興味を示す視野が狭くなっているんだよ。フリーランスになって、下請けの立場に甘んずることなく自由に仕事をしていきたいなら、イワシのように横の関係を大事にしよう。

魚へんに弱いと書いて鰯（イワシ）です。フリーランスは立場が弱いので仕事仲間とは群れを作りましょう。

渋沢　信頼するフリーランスの仲間にいいことをやってあげたら、相手も『お返しをしたい』と思って今度は野口くんにいいことが返ってくる。自分から最初にやってあげるぐらいでちょうどいい。

野口　いいことをやってあげたのに、もしお返しがなかったらソンですよね？

渋沢　ケチなことを言っちゃいけない。いいんだよ、それでもお世話してあげるんだ。たしかに中には、恩を仇で返す人もいる。でもその人とは今後付き合わなければいいんだから。野口くんがたくさんの人をそうやってお世話していたら、いつかめぐりめぐって、いいことがある。企業経営を成功させている社長って、多かれ少なかれそういった面倒見の良さがあるもんだよ。

●サラリーマンとフリーランスを自由に選べる社会

野口　サラリーマンとフリーランスについてどちらが得か比較してきましたけど、総じてサラリーマンでいたほうが有利というか安全ですね。

渋沢　一長一短あって、その人の性格にもよるけれども基本的にはサラリーマンを選ぶんじゃないかな。いまサラリーマンなら、そのままサラリーマンを続けるとでも言おうか。でも、一部の人はそこから飛び出してフリーランスに挑戦する。

野口　そしてうまくいかなかったら、またサラリーマンに戻る（笑）。

渋沢　繰り返しになるけど、それは失敗じゃない。いい経験だ。

野口　渋沢先輩にとって、サラリーマンとフリーランスはどちらが得でしたか？

渋沢　どちらが得だったか……？　難しい質問だね。う～ん、私にとってはフリーランスかな。なぜなら楽しいから。

でもラクではないよ。だから、近くにいる人全員にフリーランスをすすめるかと聞かれれば、答えはノーだよ。

野口　実際にフリーランスをやってみないと分からないことが多いと感じました。でも渋沢先輩の話を聞いて、フリーランスの世界を少し覗くことができたというか、別の世界を疑似体験することができました。

渋沢　いまサラリーマンをしながら、なんとなくフリーランスが気になっている人がいるのなら、一回やってみてその世界を体験してみればいい。世界旅行をするのと同じで、その国の街並みを写真や映像で見ているのと、実際に行ってみて現地の空気を感じるのは全く異なる。

日本にいればたしかに安全だが、世界はもっと広くて面白い。

野口　国によってはかなり危険ですけどね！

渋沢　サラリーマンでいてもフリーランスでいてもいいんだ。多数派も少数派もないし、どちらが偉いわけでもない。自分に合うほうをうまく選べればそれが最高の人生なんだ。サラリーマンとフリーランスのボーダーが薄れて、結婚、出産、子育て、定年などライフイベントに合わせて自由に選択できる社会になるといいけどね。

野口　やってきますかね、そんな未来が。

渋沢　多くの会社で副業が解禁になったり、時代はいままさにそういうダイナミックな変化の中にある。野口くんはフリーランスに興味があるのは間違いない、動き出すんだよ！　野口くん、いますぐに会社を辞めてフリーランスを始めるんだ！

野口　渋沢先輩、またいきなりスイッチが入りましたね！

渋沢　おっと、その前にこれを渡すのを忘れていた……。

野口　なっ、何ですかこの請求書？

渋沢　今日のコンサルティング代だ。１０００万円。安いもんだろう。

野口　ひえぇ！　フリーランス怖いわ！

起承転結の後に

この本は新型コロナウイルスにより政府から緊急事態宣言が発令された2020年4月から書きはじめ、県をまたぐ移動制限が解除された6月にちょうど書き終わりました。この短い間に、旅行業、宿泊業、飲食業などは大打撃を受けた一方、在宅勤務、テレワークが急速に普及したことでネットを使ったサービスが大きく盛り上がっています。

どこかの会社が倒産したというニュースが入ってきたかと思えば、別の場所では全く新しいユニークなサービスを提供する会社が産声を上げています。でもその存在を世間の人が知るのは数年後の未来であったりして、まさにそんな大きなうねりの中にいます。過去に固執せず変化を楽しめる人が荒波に乗って新しい時代を切り拓くに違いありません。

ただ、そういった荒波もまた、数年後、数十年後にこの本を開いた読者の皆様から見れば「そんなこともあったな」という懐かしい記憶の1ページにすぎないでしょう。ウイルスに限らず想定していなかったことは、これからも繰り返し起こるでしょうから。

在宅勤務、ジョブ型雇用が増えていく中、成果を残すことができるならば自分の好きな場所で好きな時間に仕事をしていいはずです。たとえば、自然がいっぱいで空気がきれいな場所に住んで新鮮な魚を食べ、朝と夕方には海にサーフィンをしにいく、大富豪でなくてもそんな生活を誰でも楽しんでいいはずです。仕事はしょせん仕事ですから、その人の生活すべてを支配することはできません。

通勤ラッシュの時間帯に出社を強要したり部署異動や転勤をさせたり、理不尽なルールを押し付けてくる会社に対して、そろそろ疑問を持ってもいい時期に入ってきています。高度経済成長期に確立されたこういった習慣は長い年月を経ていまやっと変わりつつあります。コロナが社会を変えてくれた、そう明るく捉えようではありませんか。

同時に、コロナが来ても変わろうとしない勤務先に嫌気がさしている人が増えています。残念ですが、文句をいっても勤務先は変わりません。変えることができるのは自分自身だけであって『フリーランスを選ぶ』というのも一つの解なのです。

サラリーマンとフリーランス、この二つの世界を分かりやすく比較して、もっと透明感を持って見渡して自由に行き来することができるようにこの本を書きました。いまサラリーマンをしている方には、フリーランスになるってこういう感じなんだな、リスクはこの程度でこうすれば対処できそうだな、と少しでも理解のお役に立てれば幸いです。

サラリーマンからフリーランスの世界に飛び込むときの足かせになっているものとして、分かりづらい税金・社会保険・法律の制度が挙げられます。これらは制度自体が複雑というのもありますが、それよりも専門用語が多用されていて理解しにくいのです。そのため、この本では専門用語をなるべく使わずイメージで捉えることができるように解説しました。

そして、フリーランスになる方が詳しく知らなくてもいいことは、人に聞け、と言い切りました。先輩と後輩という関係の2人だからこそ言えるセリフでしたが、フリーランスが日本の

複雑怪奇な制度に振り回されずに力強く生き抜くためには、必須の能力であることは間違いありません。

20年、30年というスパンで考えるといろんなものの順位がひっくり返ります。就職活動のときに大人気だった企業に入社して同期の中ではエースと言われていた人でも、月日が経ち他の企業に吸収合併されることで、いつのまにか窓際族に追いやられることがあります。ある国家資格を苦労して取っても、人数が増え過当競争になって旨味がなくなることもあります。

逆に、就職活動でうまくいかず、誰も知らないような会社から内定をもらって仕方がなく入ったけれども、そこからトントン拍子で出世して気付けば役員になることもあります。同期がどんなメンバーだったのか、タイミングがどうだったのかなど、本人の努力にかかわらず、

「紙一重」の違いで大きく運命が変わってしまいます。

過去に自らがした判断がたとえその時の最善の手であったとしても、時代の変化により環境が激変して、いまから思うと「間違っていた、あっちの業種や会社を選んでおけばよかった」と感じる瞬間があります。しかし、そんな感覚はすべて忘れましょう。仮に、過去にその業種や会社を選んでいたとしても、いまよりもうまくいっていた保証はないのです。途中で事故に巻き込まれて、いまこの世にいなかったかもしれません。

過去の勝ち負けなんて気の持ちようで、そんなことはどうでもいいのです。

人生100年時代、定年退職して新たにスタートを切ろうという方もいます。60歳で定年になったとしても90歳まで30年間、第2ラウンドが始まります。これまでいた業種と同じ業種で再スタートするのか、全く新しい分野に挑戦するのか、再びサラリーマンでいくのか、フリー

ランスでいくのか、選択肢は無限大です。

最後に、私の友人で定年間近のサラリーマンの話をします。彼は大学卒業後、新卒で入った会社を35年間勤め上げ、その間、出世もし、傍から見るとかなりうまく人生を歩んでいるようです。しかし、もう会社勤めに未練はなく、自分の喫茶店を開くことに並々ならぬ情熱を持っています。

『小さな喫茶店を開く』その一点に関して、捨てても捨てきれない情熱、理由を説明したくても言葉にならない情熱が、彼の心に深く巣食っています。はっきりいってそれは病的で、非科学的で、非合理的で、ある意味少年のように無知です。お店を開くのに退職金を使うことに関して奥さんや子供は大反対するでしょう。

ですが私から見ると、彼はフリーランスになる資格を十分に備えています。なぜなら、フリーランスは自由であるが故、逆境に立たされたときにブレない情熱や、決して消えることのない荒ぶる魂がどうしても必要なのです。

サラリーマンを勤め上げた有言実行の彼はいつか喫茶店を開くことでしょう。そして、客として訪ねた私は店内が寂れているのを見て「やっぱりあんまり儲かってないですね」と手を叩いて喜ぶでしょう。そして彼は言います「カネなんかどうでもいい。すべては気の持ちようなんだよ。一度でいいから、給料を払ってみたかっただけ」と。

フリーランスってそういうものです、おカネより大切なモノが手に入るのですから。

２０２０年７月

山田　寛英

著者紹介

山田寛英（やまだ・ひろひで）

1982年、東京都生まれ。公認会計士・税理士。早稲田大学商学部卒。アーク監査法人に入所。不動産会社や証券会社を中心とした会計監査実務を経て、税理士法人・東京シティ税理士事務所にて個人向け相続対策・申告実務に従事。2015年、不動産・経営・税金をもっとシンプルにもっと身近なものにするため、相続税・不動産に特化したパイロット会計事務所を設立。公認会計士の立場で不動産と接する中、一般人と業界関係者の間に、圧倒的な力関係が温存されている現状に警鐘を鳴らすとともに、インターネットの力で変革が始まる直前でもあることを主張。各種メディアへの寄稿や講演を行っている。著書に『不動産屋にだまされるな』『不動産投資にだまされるな』（ともに中公新書ラクレ）。

サラリーマンかフリーランスか
—どちらが得だった？

2020年9月15日　第1版第1刷発行

著　者　山　田　寛　英
発行者　山　本　　継
発行所　㈱　中　央　経　済　社
発売元　㈱中央経済グループパブリッシング

〒101-0051　東京都千代田区神田神保町1-31-2
電話　03（3293）3371（編集代表）
03（3293）3381（営業代表）
http://www.chuokeizai.co.jp/
印刷／三　英　印　刷　㈱
製本／誠　製　本　㈱

© 2020
Printed in Japan

＊頁の「欠落」や「順序違い」などがありましたらお取り替えいたしますので発売元までご送付ください。（送料小社負担）

ISBN978-4-502-36291-0　C3034

JCOPY〈出版者著作権管理機構委託出版物〉本書を無断で複写複製（コピー）することは，著作権法上の例外を除き，禁じられています。本書をコピーされる場合は事前に出版者著作権管理機構（JCOPY）の許諾を受けてください。
JCOPY〈http://www.jcopy.or.jp　e メール：info@jcopy.or.jp〉

●着眼力シリーズ●

税務調査官の着眼力Ⅱ

間違いだらけの相続税対策

秋山清成著

テレビや小説ではわからないウソみたいな本当の話にとにかく驚くばかり！　遺言どおりに相続できない？／とりあえず、もしもに備えて、納税資金の確保が最優先です／相続放棄で身を守る？／遺言書が存在する相続ほどこじれる？　ほか

女性社労士の着眼力

知ったかぶりの社会保険

田島雅子著

マイナンバーで迫られる社会保険の加入問題。経営者なら、従業員を厚生年金に加入させ半額を会社負担とするか、個人事業主で国民年金とするか？　配偶者なら、保険料を納めず第３号被保険者でいるか、所得制限のない年金保険加入者になるか？

アセットマネジャーの着眼力

間違いだらけの不動産投資

佐々木重徳著

節税ありきの不動産投資でいいんですか？安易な判断が命取りになりますよ！　相続税対策でドツボに嵌るアパート経営／高利回り物件って、ホントにお得なの？／意外と奥が深いワンルームマンション投資／リノベーションあれこれ　ほか

中央経済社